대한민국 법령 시리즈 258

인터넷 멀티미디어 방송사업법

(약칭 : 인터넷방송법)

법령
시행령

해광출판사

머리말

이 책은 방대한 법전을 보지 않고 간편하게 해당되는 법령만 참고해서 볼 수 있도록 하였습니다. 공공기관이나 관련 종사자들이 쉽고 간편하게 해당 법령을 참조 할 수 있도록 하였습니다.

특히 해당법률은 물론 관련 시행령을 함께 실어 관련법을 서로 참고할 수 있게 하였습니다.

법률이라는 것이 크든 작든 항상 변하는 관계로, 출간 이후의 정확하고 최신의 법률은 법제처 국가법령정보센터에서 확인이 가능하니 법률의 실제 적용 시 확인이 필요한 점 유의하기를 바랍니다.

편집부

* 수록 법률은 법제처 국가법령정보센터에서 확인 가능합니다.
* 발행일 기준 시행 법률이므로 최신 법령은 위 센터에서 볼 수 있습니다.
* 본 책자에 수록된 법률의 문구에 대하여 법적인 효력은 없으며,
  실제 적용 법률은 위 센터에서 최신의 법률로 확인하시기 바랍니다.
* 해당 법령과 함께 시행령, 시행규칙도 수록되어 있습니다.
* 발행일 기준으로 개정 예정 법률은 밑줄로 별도 표시되어 있으며,
  보다 정확한 것은 법제처에서 확인하기 바랍니다.

목차

인터넷 멀티미디어 방송사업법 / 7

인터넷 멀티미디어 방송사업법 시행령 / 49

인터넷 멀티미디어 방송사업법
(약칭 : 인터넷방송법)

[시행 2025. 10. 1.] [법률 제21066호, 2025. 10. 1., 타법개정]

제1장 총칙
　　제1조(목적)
　　제2조(정의)
　　제3조(다른 법률과의 관계)
제2장 사업의 허가
　　제4조(인터넷 멀티미디어 방송 제공사업의 허가 등)
　　제5조(허가의 유효기간)
　　제5조의2(재허가)
　　제6조(사업권역)
　　제7조(결격사유)
　　제8조(겸영금지 등)
　　제9조(외국인의 주식소유 제한 등)
　　제10조(초과소유 주주 등에 관한 제한 등)
　　제11조(변경허가)
제3장 공정경쟁의 보장 및 촉진
　　제12조(공정경쟁의 촉진)
　　제13조(시장점유율 제한 등)
　　제14조(전기통신설비의 동등제공)
　　제14조의2(기술기준의 고시)
　　제15조(이용약관의 신고 등)
　　제16조(이용자 보호)
　　제16조의2(인터넷 멀티미디어 방송 서비스의 품질 평가)
　　제16조의3(한국수어 · 폐쇄자막 · 화면해설 등의 제공)
　　제17조(금지행위)
제4장 인터넷 멀티미디어 방송 콘텐츠
　　제18조(콘텐츠의 공급 등)
　　제18조의2(등록요건)
　　제19조(콘텐츠사업 발전시책 등)

제20조(콘텐츠 동등접근)
제21조(방송프로그램의 구성과 운용)
제5장 보칙
제22조(사업의 휴업 또는 폐업)
제23조삭 제
제24조(허가취소 및 사업정지)
제24조의2(청문)
제25조(과징금)
제26조(시정명령 등)
제26조의2(권한의 위임 · 위탁)
제26조의3(규제의 재검토)
제6장 벌칙
제27조(벌칙)
제28조(과태료)

**개정 예정 법률 밑줄 별도 표시.

인터넷 멀티미디어 방송사업법
(약칭 : 인터넷방송법)

[시행 2025. 10. 1.] [법률 제21066호, 2025. 10. 1., 타법개정]

제1장 총칙

제1조(목적) 이 법은 방송과 통신이 융합되어 가는 환경에서 인터넷 멀티미디어 등을 이용한 방송사업의 운영을 적정하게 함으로써 이용자의 권익보호, 관련 기술과 산업의 발전, 방송의 공익성 보호 및 국민문화의 향상을 도모하고 나아가 국가경제의 발전과 공공복리의 증진에 이바지하는 것을 목적으로 한다. 〈개정 2020. 6. 9.〉

제2조(정의) 이 법에서 사용하는 용어의 뜻은 다음과 같다. 〈개정 2010. 3. 22., 2014. 12. 30., 2020. 6. 9.〉

1. "인터넷 멀티미디어 방송"이란 광대역통합정보통신망등(자가소유 또는 임차 여부를 불문하고, 「전파법」제10조제1항제1호에 따라 기간통신사업을 영위하기 위하여 할당받은 주파수를 이용하는 서비스에 사용되는 전기통신회선설비는 제외한다)을 이용하여 양방향성을 가진 인터넷 프로토콜 방식으로 일정한 서비스 품질이 보장되는 가운데 텔레비전 수상기 등을 통하여 이용자에게 실시간 방송프로그램을 포함하여 데이터 · 영상 · 음성 · 음향 및 전자상거래 등의

콘텐츠를 복합적으로 제공하는 방송을 말한다.

2. “광대역통합정보통신망등”이란 「지능정보화 기본법」 제2조제9호에 따른 초연결지능정보통신망과 「전기통신사업법」 제2조제3호에 따른 전기통신회선설비를 말한다.

3. “실시간 방송프로그램”이란 인터넷 멀티미디어 방송 콘텐츠사업자 또는 「방송법」 제2조제3호에 따른 방송사업자가 편성하여 송신 또는 제공하는 방송프로그램으로서 그 내용과 편성에 변경을 가하지 아니하고 동시에 제공하는 것을 말한다.

4. “인터넷 멀티미디어 방송사업”이란 다음 각 목의 사업을 말한다.

가. 인터넷 멀티미디어 방송 제공사업 : 인터넷 멀티미디어 방송에 제공하기 위하여 제18조제1항에 따라 콘텐츠를 공급받은 인터넷 멀티미디어 방송 제공사업자가 해당 콘텐츠를 이용자에게 제공하는 사업

나. 인터넷 멀티미디어 방송 콘텐츠사업 : 인터넷 멀티미디어 방송 제공사업자에게 인터넷 멀티미디어 콘텐츠를 공급하는 사업

5. “인터넷 멀티미디어 방송사업자”란 다음 각 목의 사업자를 말한다.

가. 인터넷 멀티미디어 방송 제공사업자 : 인터넷 멀티미디어 방송 제공사업을 하기 위하여 제4조제1항에 따른 허가를 받은 자

나. 인터넷 멀티미디어 방송 콘텐츠사업자 : 인터넷 멀티미디어 방송 콘텐츠사업을 하기 위하여 제18조제2항에 따라 신고·등록하거나 승인을 받은 자

제3조(다른 법률과의 관계) 인터넷 멀티미디어 방송사업에 대하여는

다른 법률에 우선하여 이 법을 적용한다.

제2장 사업의 허가

제4조(인터넷 멀티미디어 방송 제공사업의 허가 등) ① 인터넷 멀티미디어 방송 제공사업을 하고자 하는 자는 방송미디어통신위원회의 허가를 받아야 한다. 〈개정 2008. 2. 29., 2013. 3. 23., 2017. 7. 26., 2025. 10. 1.〉

② 제1항에 따른 허가 대상자는 법인에 한정한다. 〈개정 2020. 6. 9.〉

③ 제1항에 따른 허가를 받고자 하는 자는 다음 사항을 포함한 허가 신청서를 방송미디어통신위원회에 제출하여야 한다. 〈개정 2008. 2. 29., 2013. 3. 23., 2017. 7. 26., 2025. 10. 1.〉

1. 법인명, 주소 및 대표자의 성명
2. 콘텐츠 수급계획을 포함한 사업계획서
3. 재정 및 기술능력을 입증하는 서류
4. 시설계획서(주요 시설의 임차 시는 임차계획을 포함한다)
5. 그 밖에 대통령령으로 정하는 사항

④ 방송미디어통신위원회는 인터넷 멀티미디어 방송 제공사업을 허가하는 경우 다음 각 호의 사항을 심사하여 그 결과를 공표하여야 한다. 〈개정 2008. 2. 29., 2013. 3. 23., 2017. 7. 26., 2020. 6. 9., 2025. 10. 1.〉

1. 방송의 공적 책임·공정성·공익성의 실현 가능성
2. 콘텐츠 수급계획의 적절성 및 방송영상 산업 발전에 대한 기

여도

3. 유료 방송시장에서의 공정경쟁 확보 계획의 적정성

4. 조직 및 인력운영 등 경영계획의 적정성

5. 재정 및 기술능력

6. 신청인이 설립 중인 법인인 경우에는 해당 법인의 설립이 확실한지 여부

7. 시설계획이 적정한지 여부

8. 그 밖에 사업 수행에 필요한 사항

⑤ 삭제 〈2008. 2. 29.〉

⑥ 방송미디어통신위원회는 허가를 할 때 특별한 결격사유가 없으면 3개월 이내에 하여야 한다. 〈개정 2008. 2. 29., 2013. 3. 23., 2017. 7. 26., 2020. 6. 9., 2025. 10. 1.〉

⑦ 제1항에 따른 인터넷 멀티미디어 방송 제공사업의 허가에 필요한 절차, 심사기준에 대한 배점, 그 밖에 필요한 사항은 대통령령으로 정한다. 〈개정 2008. 2. 29.〉

제5조(허가의 유효기간) 제4조제1항에 따른 인터넷 멀티미디어 방송 제공사업 허가의 유효기간은 7년의 범위에서 대통령령으로 정한다. 〈개정 2014. 12. 30.〉

[전문개정 2009. 5. 21.]

제5조의2(재허가) ① 인터넷 멀티미디어 방송 제공사업자가 허가 유효기간의 만료 후 계속 인터넷 멀티미디어 방송 제공사업을 하고자 하는 경우 방송미디어통신위원회의 재허가를 받아야 한다. 〈개정 2013. 3. 23., 2017. 7. 26., 2025. 10. 1.〉

② 방송미디어통신위원회가 제1항에 따라 재허가를 할 때에는 제4조제4항 각 호 및 다음 각 호의 사항을 심사하고 그 결과를 공표하여야 한다. 〈개정 2013. 3. 23., 2017. 7. 26., 2025. 10. 1.〉

1. 이전(以前) 허가 당시의 사업계획, 허가조건 및 그 밖의 준수사항의 이행 여부

2. 방송미디어통신위원회의 시정명령, 과징금 · 과태료 부과처분의 내용 · 횟수와 그 이행 여부

③ 제1항의 재허가에 관하여는 제4조제2항 · 제3항 · 제6항 및 제7항을 준용한다.

[본조신설 2009. 5. 21.]

제6조(사업권역) ① 인터넷 멀티미디어 방송 제공사업은 전국을 하나의 사업권역으로 한다. 다만, 제4조제1항에 따른 사업허가 시 「중소기업기본법」제2조제1항에 따른 중소기업자의 요청이 있고 방송미디어통신위원회가 특별히 필요하다고 인정하는 때에는 그러하지 아니하다. 〈개정 2008. 2. 29., 2013. 3. 23., 2017. 7. 26., 2025. 10. 1.〉

② 「전기통신사업법」제39조제3항제1호 및 제2호에 따른 기간통신사업자가 제4조제1항에 따른 허가를 받은 경우에는 허가를 받은 날부터 대통령령으로 정하는 기간 이내에 「방송법」제12조제2항에 따라 방송미디어통신위원회가 고시한 모든 방송구역에서 서비스를 개시하여야 한다. 다만, 천재지변이나 그 밖의 부득이한 사유로 인하여 본문의 기간 이내에 서비스를 시작할 수 없을 때에는 방송미디어통신위원회는 대통령령으로 정하는 기간 내에서 한 차례에 한정하

여 본문의 기간을 연장할 수 있다. 〈개정 2008. 2. 29., 2009. 5. 21., 2010. 3. 22., 2013. 3. 23., 2017. 7. 26., 2020. 6. 9., 2025. 10. 1.〉

제7조(결격사유) ① 다음 각 호의 어느 하나에 해당하는 자는 제4조제1항에 따른 인터넷 멀티미디어 방송 제공사업을 할 수 없다. 〈개정 2020. 6. 9.〉

1. 국가 또는 지방자치단체

2. 제8조 및 제9조에 따른 주식 또는 지분의 소유 제한을 초과한 법인

3. 제24조제1항에 따라 허가가 취소된 후 3년이 지나지 아니한 자

② 다음 각 호의 어느 하나에 해당하는 자는 제4조제1항에 따라 허가를 받은 법인의 임원이 될 수 없다. 〈개정 2014. 6. 3., 2020. 6. 9.〉

1. 미성년자 또는 피성년후견인

2. 삭제 〈2015. 12. 22.〉

3. 이 법, 「방송법」, 「전기통신기본법」, 「전기통신사업법」 및 「정보통신망 이용촉진 및 정보보호 등에 관한 법률」을 위반하여 벌금 이상의 형을 선고받고 그 집행이 종료(집행이 종료된 것으로 보는 경우를 포함한다)되거나 그 집행이 면제된 날부터 3년이 지나지 아니한 자

4. 「형법」 제87조부터 제90조까지, 제92조, 제101조, 「군형법」 제5조부터 제8조까지, 제9조제2항, 제11조부터 제16조까지 또는

「국가보안법」 제3조부터 제9조까지의 규정에 따른 죄를 저질러 금고 이상의 실형을 선고받고 그 형의 집행이 종료되지 아니 하거나 집행을 받지 아니하기로 확정되지 아니한 자 또는 집행 유예기간 중에 있는 자

5. 「보안관찰법」에 따른 보안관찰처분이나 「치료감호법」에 따른 치료감호의 집행 중에 있는 자

③ 다음 각 호의 어느 하나에 해당하는 자는 제4조제1항에 따라 허가를 받은 법인의 대표자가 될 수 없다. 〈개정 2015. 12. 22.〉

1. 외국인이나 외국의 법인 또는 단체의 대표자

2. 파산선고를 받고 복권되지 아니한 자

제8조(겸영금지 등) ① 인터넷 멀티미디어 방송 제공사업자가 주식을 발행하는 경우에는 기명식으로 하여야 한다.

② 「신문 등의 진흥에 관한 법률」에 따른 신문 또는 「뉴스통신진흥에 관한 법률」에 따른 뉴스통신을 경영하는 법인(대통령령으로 정하는 특수관계자를 포함한다)은 인터넷 멀티미디어 방송 제공사업자의 주식 또는 지분 총수의 100분의 49를 초과하여 소유할 수 없다. 〈개정 2009. 7. 31.〉

③ 「독점규제 및 공정거래에 관한 법률」 제2조제11호에 따른 기업집단 중 자산총액 등 대통령령으로 정하는 기준에 해당하는 기업집단에 속하는 회사와 그 계열회사(대통령령으로 정하는 특수관계자를 포함한다) 또는 「신문 등의 진흥에 관한 법률」에 따른 신문이나 「뉴스통신진흥에 관한 법률」에 따른 뉴스통신을 경영하는 법인(대통령령으로 정하는 특수관계자를 포함한다)은 종합편성 또는 보도에

관한 전문편성을 행하는 인터넷 멀티미디어 방송 콘텐츠사업자의 주식 또는 지분 총수의 100분의 49를 초과하여 소유할 수 없다. 〈개정 2009. 7. 31., 2020. 12. 29.〉

④ 삭제 〈2024. 10. 22.〉

제9조(외국인의 주식소유 제한 등) ① 다음 각 호의 어느 하나에 해당하는 자는 다른 하나에 해당하는 자와 합산하여 인터넷 멀티미디어 방송 제공사업자의 주식(의결권 있는 주식에 한정하며 주식예탁증서 등 의결권을 가진 주식의 등가물 및 출자지분을 포함한다. 이하 같다) 또는 지분을 총 발행주식 또는 지분의 100분의 49를 초과하여 소유하지 못한다. 〈개정 2014. 12. 30., 2020. 6. 9.〉

1. 외국의 정부나 단체

2. 외국인

3. 외국의 정부나 단체 또는 외국인(「자본시장과 금융투자업에 관한 법률」 제9조제1항제1호에 따른 특수관계인을 포함한다. 이하 이 호 및 제2항제3호에서 같다)이 최대주주인 법인으로서 발행주식 총수의 100분의 15 이상을 그 외국정부나 단체 또는 외국인이 소유하고 있는 법인(해당 인터넷 멀티미디어 방송 제공사업자의 발행주식 또는 지분 총수의 100분의 1 미만을 소유한 법인은 제외한다)

② 다음 각 호의 어느 하나에 해당하는 자는 다른 하나에 해당하는 자와 합산하여 인터넷 멀티미디어 방송 콘텐츠사업자(종합편성이나 보도에 관한 전문편성을 하는 인터넷 멀티미디어 방송 콘텐츠사업자는 제외한다)의 주식 또는 지분을 총 발행주식 또는 지분의 100분의 49를 초과하여 소유하지 못한다. 다만, 인터넷 멀티미디어

방송 콘텐츠사업자(종합편성이나 보도에 관한 전문편성 또는 상품소개와 판매에 관한 전문편성을 하는 인터넷 멀티미디어 방송 콘텐츠사업자는 제외한다)의 경우 대한민국이 외국과 양자간(兩者間) 또는 다자간(多者間)으로 체결하여 발효된 자유무역협정 중 방송미디어통신위원회가 정하여 고시하는 자유무역협정 체결 상대국의 정부나 단체 또는 외국인이 주식 또는 지분을 소유하고 있는 법인은 제3호의 요건을 갖춘 경우에도 같은 호에 해당하는 자로 보지 아니한다. 〈신설 2014. 12. 30., 2017. 7. 26., 2025. 10. 1.〉

1. 외국의 정부나 단체

2. 외국인

3. 외국의 정부나 단체 또는 외국인이 소유하고 있는 해당 법인의 주식 또는 지분의 합이 해당 법인의 주식 또는 지분 총수의 100분의 50을 초과하는 법인(외국의 정부나 단체 또는 외국인이 최다액출자자인 경우를 포함한다)

③ 제2항 각 호의 어느 하나에 해당하는 자는 종합편성 또는 보도에 관한 전문편성을 행하는 인터넷 멀티미디어 방송 콘텐츠사업자의 주식 또는 지분 총수의 100분의 20을 초과하여 소유할 수 없다. 〈개정 2009. 7. 31., 2014. 12. 30.〉

제10조(초과소유 주주 등에 관한 제한 등) ① 제8조 또는 제9조를 위반한 경우 위반의 원인을 제공한 주식 또는 지분을 소유한 자는 그 소유분 또는 초과분에 대한 의결권을 행사할 수 없다.

② 방송미디어통신위원회는 제8조 또는 제9조를 위반한 자나 그 위반의 원인을 제공한 주식 또는 지분의 소유자에 대하여 6개월 이

내의 기간을 정하여 해당 사항을 시정할 것을 명할 수 있다. 〈개정 2008. 2. 29., 2013. 3. 23., 2017. 7. 26., 2025. 10. 1.〉

③ 제2항에 따라 시정명령을 받은 자는 그 기간 이내에 해당 사항을 시정하여야 한다.

제11조(변경허가) ① 제4조제1항에 따라 인터넷 멀티미디어 방송 제공사업의 허가를 받은 자가 허가사항 중 다음 각 호의 어느 하나에 해당하는 사항을 변경하고자 하는 때에는 변경허가를 받아야 한다. 〈개정 2014. 6. 3., 2024. 1. 23., 2025. 10. 1.〉

1. 인터넷 멀티미디어 방송 제공사업자의 합병 및 분할. 다만, 「독점규제 및 공정거래에 관한 법률」 제2조제12호에 따른 계열회사인 법인을 합병하려는 경우에는 대통령령으로 정하는 바에 따라 방송미디어통신위원회에 신고하여야 한다.

2. 인터넷 멀티미디어 방송 제공사업의 전부 또는 일부의 양도. 이 경우 그 사업의 양수자는 제4조에 따른 인터넷 멀티미디어 방송 제공사업의 허가를 함께 받아야 한다.

3. 사업권역의 변경

② 변경허가의 절차 및 심사 내용 등에 대하여는 제4조를 준용한다.

③ 제4조제1항에 따라 인터넷 멀티미디어 방송 제공사업의 허가를 받은 자가 다음 각 호의 사항을 변경한 때에는 이를 지체 없이 방송미디어통신위원회에 신고하여야 한다. 〈신설 2014. 6. 3., 2017. 7. 26., 2025. 10. 1.〉

1. 대표자

2. 방송편성책임자

3. 법인명 또는 상호

4. 주된 사무소의 소재지

④ 방송미디어통신위원회는 제1항제1호 단서에 따른 신고를 받은 경우 그 내용을 검토하여 신고 내용의 사실 여부 등 대통령령으로 정하는 기준에 부합하는 경우 해당 신고를 수리하여야 한다. 이 경우 수리에 관한 절차 등 세부사항은 대통령령으로 정한다. 〈신설 2024. 1. 23., 2025. 10. 1.〉

[제목개정 2014. 6. 3.]

제3장 공정경쟁의 보장 및 촉진

제12조(공정경쟁의 촉진) ① 정부는 인터넷 멀티미디어 방송 제공사업의 효율적인 경쟁체제 구축과 공정한 경쟁 환경 조성을 위하여 노력하여야 하고 다른 사업에서의 지배력이 인터넷 멀티미디어 방송 제공사업으로 부당하게 전이되지 아니하도록 하여야 한다.

② 제1항에 따른 효율적인 경쟁체제 구축과 공정한 경쟁 환경의 조성을 위한 경쟁정책 수립을 위하여 인터넷 멀티미디어 방송 제공사업에 대한 경쟁상황 평가를 실시하여야 한다. 〈개정 2011. 7. 14.〉

③ 제2항에 따른 경쟁상황 평가는 「방송법」 제35조의5제1항에 따른 방송시장경쟁상황평가위원회가 실시한다. 〈개정 2011. 7. 14.〉

④ 다른 사업에서의 지배력이 인터넷 멀티미디어 방송 제공사업으로 부당하게 전이되지 아니하도록 하기 위한 구체적인 방법 등에 대하여는 대통령령으로 정한다. 〈개정 2011. 7. 14.〉

⑤ 삭제 〈2011. 7. 14.〉

제13조(시장점유율 제한 등) ① 특정 인터넷 멀티미디어 방송 제공사업자는 해당 사업자와 특수관계자인 다음 각 호의 방송사업자를 합산하여 인터넷 멀티미디어 방송, 종합유선방송, 위성방송을 포함한 전체 유료방송사업 가입자 수의 3분의 1을 초과하여 서비스를 제공할 수 없다. 〈개정 2008. 2. 29., 2013. 3. 23., 2015. 3. 27.〉

1. 인터넷 멀티미디어 방송 제공사업자
2. 「방송법」 제2조제3호나목에 따른 종합유선방송사업자
3. 「방송법」 제2조제3호다목에 따른 위성방송사업자

② 방송미디어통신위원회는 인터넷 멀티미디어 방송 제공사업자가 제1항을 위반하게 된 경우에 해당 사업자에 대하여 6개월 이내의 기간을 정하여 해당 사항을 시정할 것을 명할 수 있다. 〈개정 2008. 2. 29., 2013. 3. 23., 2017. 7. 26., 2025. 10. 1.〉

③ 제2항에 따라 시정명령을 받은 사업자는 그 기간 이내에 해당 사항을 시정하여야 한다.

④ 방송미디어통신위원회는 도서산간 등 위성방송 수신만 가능한 지역은 제1항에 따른 가입자 수 산정에서 배제할 수 있는 예외지역으로 지정할 수 있다. 〈신설 2015. 3. 27., 2017. 7. 26., 2025. 10. 1.〉

⑤ 제1항에 따른 가입자 수의 산정 및 검증 등에 필요한 사항은 대통령령으로 정한다. 〈신설 2015. 3. 27.〉

[법률 제13232호(2015. 3. 27.) 제13조제1항제2호 및 제3호의 개정규정은 같은 법 부칙 제2조의 규정에 의하여 2018년 6월 27일

까지 유효함]

제14조(전기통신설비의 동등제공) ① 인터넷 멀티미디어 방송 제공사업자는 인터넷 멀티미디어 방송 제공사업을 하고자 하는 자로부터 해당 서비스의 제공에 필수적인 전기통신설비에의 접근 및 이용에 관한 요청이 있는 경우 자기 보유설비의 부족, 영업비밀의 보호 등 합리적이고 정당한 사유 없이 이를 거절하지 못한다.

② 인터넷 멀티미디어 방송 제공사업자는 합리적이고 정당한 사유 없이 다른 인터넷 멀티미디어 방송 제공사업자가 사용 중인 자기 보유설비의 사용 등을 중단하거나 제한하지 못한다.

③ 인터넷 멀티미디어 방송 제공사업자는 자기 보유설비를 다른 인터넷 멀티미디어 방송 제공사업자에게 부당하게 차별적인 대가와 조건으로 제공하여서는 아니 된다.

④ 제1항부터 제3항까지의 규정에 따른 전기통신설비의 범위, 설비제공의 거절ㆍ중단ㆍ제한 사유, 설비제공의 방법ㆍ절차 및 설비 이용대가의 산정원칙 등에 관하여 필요한 사항은 대통령령으로 정한다.

제14조의2(기술기준의 고시) 방송미디어통신위원회는 인터넷 멀티미디어 방송 제공사업자의 방송국 설비의 설치 및 유지에 관한 사항과 전송ㆍ선로설비 등에 관한 기술기준을 정하여 고시하여야 한다. 〈개정 2017. 7. 26., 2025. 10. 1.〉

[본조신설 2014. 6. 3.]

제15조(이용약관의 신고 등) ① 인터넷 멀티미디어 방송 제공사업자는 제공하려는 서비스의 이용요금ㆍ이용조건에 관한 약관(이하 “이

용약관”이라 한다)을 정하여 방송미디어통신위원회에 신고하여야 하며, 신고한 이용약관을 변경하려는 경우에도 또한 같다. 〈개정 2025. 10. 1.〉

② 이용약관은 다음 각 호의 요건을 모두 갖추어야 한다.

1. 이용요금을 명확하게 규정할 것

2. 제17조제1항제4호 및 제6호를 위반하는 내용이 없을 것

③ 제1항에도 불구하고 다음 각 호의 어느 하나에 해당하는 이용요금의 경우에는 해당 이용약관에 대하여 방송미디어통신위원회의 승인을 받아야 하며, 승인을 받은 이용약관을 변경하려는 경우에도 또한 같다. 〈개정 2025. 10. 1.〉

1. 이용약관에서 정하는 최소채널상품(여러 개의 채널단위로 대가를 받는 유료방송 상품 중 가장 낮은 요금의 상품을 말한다. 이하 같다)의 요금

2. 인터넷 멀티미디어 방송과 「전기통신사업법」 제2조제11호에 따른 기간통신역무를 제공하는 서비스를 묶어서 판매하는 상품의 요금

④ 제3항에 따라 이용약관의 승인 또는 변경승인을 받으려는 자는 가입비, 기본료, 사용료, 부가서비스료, 실비 등을 포함한 요금산정의 근거자료(변경할 경우에는 신·구 내용 대비표를 포함한다)를 방송미디어통신위원회에 제출하여야 한다. 〈개정 2025. 10. 1.〉

⑤ 방송미디어통신위원회는 제3항에 따른 이용약관의 승인 또는 변경승인을 하려는 경우 다음 각 호의 기준을 충족하는지를 고려하여야 한다. 〈개정 2025. 10. 1.〉

1. 이용약관에서 정하는 최소채널상품이 특정 방송 분야에 편중되지 아니할 것

2. 이용요금이 공급비용, 수익, 서비스 제공방식에 따른 비용절감, 공정한 경쟁 환경에 미치는 영향 등을 고려하여 합리적으로 산정되었을 것

⑥ 제1항부터 제5항까지의 규정에 따른 신고·변경신고·승인·변경승인의 절차 등에 관한 세부 사항은 대통령령으로 정한다.

[전문개정 2022. 1. 11.]

제16조(이용자 보호) ① 인터넷 멀티미디어 방송 제공사업자는 자신이 제공하는 서비스에 관하여 이용자로부터 제기되는 정당한 의견이나 불만을 즉시 처리하여야 한다.

② 인터넷 멀티미디어 방송 제공사업자는 서비스나 전기통신설비의 제공 과정에서 취득한 개별 이용자에 관한 정보를 보호하기 위한 조치를 취하여야 하며, 취득한 개인 정보를 공개하여서는 아니된다. 다만, 본인의 동의가 있거나 다른 법률의 규정에 따른 적법한 절차에 따른 경우에는 그러하지 아니하다.

③ 인터넷 멀티미디어 방송 제공사업자는 제2항에 따른 개별 이용자 정보의 부당한 제공으로 이용자에게 손해를 입힌 경우에는 정당한 배상을 하여야 한다.

제16조의2(인터넷 멀티미디어 방송 서비스의 품질 평가) ① 방송미디어통신위원회는 인터넷 멀티미디어 방송 서비스의 품질을 개선하고 시청자의 편익을 증진하기 위하여 인터넷 멀티미디어 방송사업자가 제공하는 서비스의 품질(이하 "서비스품질"이라 한다)을 평가할

수 있다. 〈개정 2025. 10. 1.〉

② 방송미디어통신위원회는 제1항에 따른 서비스품질의 평가를 위하여 인터넷 멀티미디어 방송사업자에게 필요한 자료의 제출을 요청할 수 있다. 이 경우 자료 제출 요청을 받은 인터넷 멀티미디어 방송사업자는 특별한 사유가 없으면 그 요청에 따라야 한다. 〈개정 2025. 10. 1.〉

③ 방송미디어통신위원회는 제1항에 따라 서비스품질을 평가한 경우 그 결과를 공개하여야 한다. 〈개정 2025. 10. 1.〉

④ 제1항에 따른 서비스품질의 평가, 제2항에 따른 자료의 제출 방법ㆍ절차 및 제3항에 따른 서비스품질 평가 결과의 공개에 관한 세부 사항은 대통령령으로 정한다.

[본조신설 2022. 1. 11.]

제16조의3(한국수어ㆍ폐쇄자막ㆍ화면해설 등의 제공) ① 인터넷 멀티미디어 방송사업자는 자신이 제공하는 서비스를 위하여 콘텐츠를 자체제작하는 경우 장애인의 원활한 이용을 돕기 위하여 한국수어ㆍ폐쇄자막ㆍ화면해설 등을 제공하여야 한다.

② 정부는 인터넷 멀티미디어 방송사업자가 제1항에 따른 한국수어ㆍ폐쇄자막ㆍ화면해설 등을 제공하는 데 필요한 경비를 지원할 수 있다.

[본조신설 2024. 1. 23.]

제17조(금지행위) ① 인터넷 멀티미디어 방송 제공사업자는 사업자간의 공정한 경쟁 또는 이용자의 이익을 저해하거나 저해할 우려가 있는 다음 각 호의 어느 하나에 해당하는 행위를 하거나 제3자로

하여금 이를 행하도록 하여서는 아니 된다.

1. 정당한 사유 없이 인터넷 멀티미디어 방송 서비스의 제공을 거부하는 행위

2. 이용약관의 내용과 다르게 인터넷 멀티미디어 방송 서비스를 제공하거나 이용계약과 다른 내용으로 이용요금을 청구하는 행위

3. 인터넷 멀티미디어 방송 서비스의 제공 과정에서 알게 된 이용자의 정보를 부당하게 유용하는 행위

4. 부당하게 이용자를 차별하여 현저하게 유리하거나 불리한 이용요금 또는 이용조건으로 인터넷 멀티미디어 방송 서비스를 제공하는 행위

5. 우월적 지위를 이용하여 인터넷 멀티미디어 방송 콘텐츠사업자에게 부당한 계약을 강요하거나 적정한 수익 배분을 거부하는 행위

6. 다른 방송사업자의 방송 시청을 부당하게 방해하거나 서비스제공계약의 체결을 방해하는 행위

7. 정당한 사유 없이 다른 방송사업자의 서비스 제공에 필수적인 전주, 관로, 통신구 등 전기통신설비의 사용 또는 접근을 거절·중단하거나 제한하는 행위

② 방송미디어통신위원회는 공정거래위원회와 협의하여 인터넷 멀티미디어 방송 제공사업자가 제1항 각 호의 어느 하나에 해당하는 행위를 하는 경우에는 해당 인터넷 멀티미디어 방송 제공사업자에게 위반행위의 내용 및 정도, 위반행위의 기간 및 횟수, 위반행위로 인하여 취득한 이익의 규모 등을 고려하여 매출액 100분의 2 이하에서 대통령령으로 정하는 과징금을 부과할 수 있다. 다만, 매출액이

없거나 매출액의 산정이 곤란한 경우로서 대통령령으로 정하는 때에는 5억원 이하의 과징금을 부과할 수 있다. 〈개정 2008. 2. 29., 2025. 10. 1.〉

③ 방송미디어통신위원회는 제2항에 따라 과징금 부과 처분을 받은 자가 납부기한까지 과징금을 납부하지 아니한 때에는 국세 체납처분의 예에 따라 징수한다. 〈개정 2008. 2. 29., 2020. 6. 9., 2025. 10. 1.〉

④ 제1항 각 호에 따른 행위의 세부적인 유형 및 기준에 필요한 사항은 대통령령으로 정한다.

제4장 인터넷 멀티미디어 방송 콘텐츠

제18조(콘텐츠의 공급 등) ① 「방송법」제2조제3호에 따른 방송사업자, 「전기통신사업법」제22조에 따른 부가통신사업자, 다른 법률의 규정에 따라 콘텐츠를 제작·공급하는 사업을 하는 자 및 콘텐츠를 제작·공급하는 자는 누구든지 인터넷 멀티미디어 방송용 콘텐츠를 인터넷 멀티미디어 방송 제공사업자에게 공급할 수 있다. 〈개정 2010. 3. 22., 2014. 6. 3.〉

② 제1항에 따라 콘텐츠를 공급하고자 하는 자는 방송미디어통신위원회에 신고 또는 등록하여야 한다. 다만, 인터넷 멀티미디어 방송 제공사업자에게 보도를 전문으로 하거나 보도·교양·오락 등 다양한 분야를 종합적으로 편성한 콘텐츠를 제공하고자 하는 자와 상품 소개와 판매를 전문으로 하는 콘텐츠를 제공하고자 하는 자는 방송미디어통신위원회의 승인을 받아야 한다. 〈개정 2008. 2. 29.,

2013. 3. 23., 2017. 7. 26., 2025. 10. 1.〉

③ 다음 각 호에 해당하는 자는 제2항에 따른 신고·등록을 하거나 승인을 받은 것으로 본다. 〈신설 2014. 6. 3.〉

1. 「방송법」 제2조제3호에 따른 방송사업자(종합유선방송사업자와 위성방송사업자의 경우에는 직접사용채널을 통하여 공급하는 콘텐츠에 한정한다)

2. 「전기통신사업법」 제22조에 따른 부가통신사업자

④ 제2항의 신고, 등록 및 승인에 필요한 구체적인 절차 및 방법에 관한 사항은 대통령령으로 정한다. 〈개정 2014. 6. 3.〉

제18조의2(등록요건) 제18조제2항 본문에 따라 인터넷 멀티미디어 방송 콘텐츠사업자로 등록하고자 하는 자의 등록요건에 관하여는 「방송법」 제9조의2를 준용한다. 이 경우 "방송채널사용사업"은 "인터넷 멀티미디어 방송 콘텐츠사업"으로 본다.

[본조신설 2014. 6. 3.]

제19조(콘텐츠사업 발전시책 등) 정부는 다른 법률에서 따로 정하고 있는 경우를 제외하고는 인터넷 멀티미디어 방송 제공사업자에게 공급되는 콘텐츠 간의 공정경쟁과 관련 산업의 진흥을 위하여 필요한 재원의 마련 등 콘텐츠사업 발전을 위한 시책을 별도로 수립·시행하여야 한다.

제20조(콘텐츠 동등접근) ① 제18조제2항에 따라 신고·등록하거나 승인을 받은 인터넷 멀티미디어 방송 콘텐츠사업자가 제공하는 방송프로그램을 방송미디어통신위원회가 대통령령으로 정하는 기준에 따라 고시한 경우(이하 "주요방송프로그램"이라 한다) 일반 국민이 이

를 시청할 수 있도록 다른 인터넷 멀티미디어 방송 제공사업자에게도 공정하고 합리적인 가격으로 차별 없이 제공하여야 하며 주요방송프로그램의 계약 행위 등에서 시청자의 이익 및 공정거래질서를 저해하여서는 아니 된다. 〈개정 2008. 2. 29., 2013. 3. 23., 2017. 7. 26., 2020. 6. 9., 2025. 10. 1.〉

② 방송미디어통신위원회는 제1항의 주요방송프로그램을 고시하는 경우 문화체육관광부장관, 방송사업자 및 시청자의 의견을 들어야 한다. 〈개정 2008. 2. 29., 2013. 3. 23., 2017. 7. 26., 2020. 6. 9., 2025. 10. 1.〉

③ 방송미디어통신위원회는 제1항을 위반한 인터넷 멀티미디어 방송 콘텐츠사업자에 대하여 금지행위의 중지 등 필요한 시정조치를 명할 수 있다. 이 경우 방송미디어통신위원회는 시정조치를 명하기 전에 당사자에게 기간을 정하여 의견진술의 기회를 주어야 한다. 다만, 당사자가 정당한 사유 없이 이에 응하지 아니하는 때에는 그러하지 아니한다. 〈개정 2013. 3. 23., 2017. 7. 26., 2025. 10. 1.〉

제21조(방송프로그램의 구성과 운용) ① 인터넷 멀티미디어 방송 제공사업자는 직접사용채널을 운용할 수 없다.

② 인터넷 멀티미디어 방송 콘텐츠사업자가 제공하는 실시간 방송프로그램의 내용심의에 대하여는 「방송법」제32조, 제33조 및 제100조를 준용한다.

③ 인터넷 멀티미디어 방송 제공사업자가 제공하는 실시간 방송프로그램에 관하여는 「방송법」 제70조제1항부터 제3항까지 및 제8항의 규정을 준용한다. 이 경우 "종합유선방송사업자"는 "인터넷 멀티

미디어 방송 제공사업자”로, “채널”은 “인터넷 멀티미디어 방송 제공사업자가 제공하는 실시간 방송프로그램의 단위”로 본다. 〈개정 2014. 12. 30.〉

④ 「방송법」 제69조, 제71조부터 제74조까지, 제76조, 제76조의3, 제76조의5, 제78조제1항부터 제4항까지, 제78조의2 및 제83조는 콘텐츠사업자의 프로그램 편성, 국내방송프로그램의 편성, 외주제작 방송프로그램의 편성, 광고, 협찬고지, 프로그램의 공급, 보편적 시청권 보장을 위한 조치, 중계방송의 순차편성 권고, 재송신, 방송내용의 기록 및 보존에 관하여 이를 준용한다. 이 경우 “방송사업자”는 “인터넷 멀티미디어 방송 제공사업자 또는 인터넷 멀티미디어 방송 콘텐츠사업자”로 본다. 〈개정 2014. 12. 30.〉

⑤ 제4항 전단에 따라 준용되는 「방송법」 제83조제1항에 따른 방송 실시결과의 제출은 방송미디어통신위원회에 하여야 한다. 〈신설 2014. 12. 30., 2017. 7. 26., 2025. 10. 1.〉

⑥ 재난방송에 대하여는 「방송통신발전 기본법」 제40조를 준용한다. 〈개정 2013. 3. 23., 2014. 12. 30.〉

제5장 보칙

제22조(사업의 휴업 또는 폐업) ① 인터넷 멀티미디어 방송 제공사업자가 그 사업의 전부 또는 일부를 휴업 또는 폐업하려는 때에는 그 휴업 또는 폐업 예정일 30일 전까지 그 내용을 해당 서비스 이용자에게 통보하고 방송미디어통신위원회에 신고하여야 한다. 〈개정 2008. 2. 29., 2013. 3. 23., 2017. 7. 26., 2020. 6. 9., 2025.

10. 1.〉

② 인터넷 멀티미디어 방송 콘텐츠사업자가 그 사업의 전부 또는 일부를 휴업 또는 폐업하려는 때에는 그 내용을 방송미디어통신위원회에 신고하여야 한다. 〈개정 2008. 2. 29., 2013. 3. 23., 2017. 7. 26., 2020. 6. 9., 2025. 10. 1.〉

[제목개정 2020. 6. 9.]

제23조 삭제 〈2010. 3. 22.〉

제24조(허가취소 및 사업정지) ① 방송미디어통신위원회는 인터넷 멀티미디어 방송 제공사업자가 다음 각 호의 어느 하나에 해당하는 때에는 이 법에 따른 해당 사업의 허가를 취소하거나 1년 이내의 기간을 정하여 사업의 정지를 명할 수 있다. 다만, 제1호에 해당하는 때에는 그 허가를 취소하여야 한다. 〈개정 2008. 2. 29., 2013. 3. 23., 2017. 7. 26., 2025. 10. 1.〉

1. 거짓이나 그 밖의 부정한 방법으로 제4조제1항에 따른 허가를 받은 때

2. 제4조제1항에 따른 허가를 받은 날부터 1년 이내에 사업을 개시하지 아니하거나 1년 이상 계속하여 휴업한 때

3. 제10조제2항 및 제13조제2항에 따른 명령을 이행하지 아니한 때

② 제1항에 따른 처분의 기준, 절차, 그 밖에 필요한 사항은 대통령령으로 정한다.

제24조의2(청문) 방송미디어통신위원회는 제24조제1항에 따라 인터넷 멀티미디어 방송 제공사업의 허가를 취소하려는 경우에는 청문을 실

시하여야 한다. 〈개정 2013. 3. 23., 2017. 7. 26., 2025. 10. 1.〉

[본조신설 2009. 5. 21.]

제25조(과징금) ① 방송미디어통신위원회는 인터넷 멀티미디어 방송 제공사업자가 제24조제1항 각 호의 어느 하나에 해당하는 때로서 그 허가의 취소나 사업의 정지가 해당 사업의 이용자 등에게 심한 불편을 주거나 그 밖에 공익을 해할 우려가 있는 경우에는 그 사업의 정지 또는 허가의 취소 처분을 갈음하여 인터넷 멀티미디어 방송 제공사업 매출액의 100분의 3 이하에 해당하는 금액의 범위 내에서 그 사업의 정지나 허가의 취소 사유 및 위반행위로 인하여 취득한 이익의 규모 등을 고려하여 과징금을 부과할 수 있다. 〈개정 2008. 2. 29., 2013. 3. 23., 2017. 7. 26., 2020. 6. 9., 2025. 10. 1.〉

② 방송미디어통신위원회는 제1항에 따라 과징금 부과 처분을 받은 자가 납부기한까지 과징금을 납부하지 아니한 때에는 국세 체납처분의 예에 따라 징수한다. 〈개정 2008. 2. 29., 2013. 3. 23., 2017. 7. 26., 2020. 6. 9., 2025. 10. 1.〉

③ 제1항에 따라 과징금을 부과하는 위반행위의 종별과 과징금의 금액, 그 밖에 필요한 사항은 대통령령으로 정한다.

제26조(시정명령 등) ① 방송미디어통신위원회는 인터넷 멀티미디어 방송사업자가 다음 각 호의 어느 하나에 해당하는 때에는 그 시정을 명하여야 한다. 다만, 제17조제1항을 위반한 경우는 제외한다. 〈개정 2008. 2. 29., 2013. 3. 23., 2014. 12. 30., 2017. 7. 26., 2025. 10. 1.〉

1. 업무처리절차가 현저히 이용자의 이익을 저해한다고 인정되는 때

2. 사고 등에 의하여 인터넷 멀티미디어 방송 제공에 지장이 발생한 경우에 필요한 조치를 신속하게 실시하지 아니하는 때

3. 그 밖에 이 법 또는 이 법에 따른 명령을 위반한 때

② 방송미디어통신위원회는 제4조제1항에 따른 허가를 받지 아니하고 인터넷 멀티미디어 방송 제공사업을 경영한 자에게 해당 서비스 제공의 중지를 명할 수 있다. 〈개정 2008. 2. 29., 2013. 3. 23., 2017. 7. 26., 2025. 10. 1.〉

③ 방송미디어통신위원회는 제18조제2항에 따른 신고 또는 등록을 하지 아니하거나 승인을 받지 아니하고 인터넷 멀티미디어 방송 콘텐츠사업을 한 자에게 해당 서비스 제공의 중지를 명할 수 있다. 〈개정 2008. 2. 29., 2013. 3. 23., 2017. 7. 26., 2025. 10. 1.〉

④ 방송미디어통신위원회는 제17조제1항을 위반하는 행위가 있을 때에는 해당 사업자에게 위반행위의 중지, 이용약관의 변경, 계약조항의 삭제 등 시정에 필요한 조치를 명할 수 있다. 〈개정 2008. 2. 29., 2025. 10. 1.〉

제26조의2(권한의 위임ㆍ위탁) 이 법에 따른 방송미디어통신위원회의 권한은 그 일부를 대통령령으로 정하는 바에 따라 그 소속 기관의 장에게 위임하거나 다른 행정기관의 장, 그 행정기관의 소속 기관의 장에게 위탁할 수 있다. 〈개정 2017. 7. 26., 2025. 10. 1.〉

[본조신설 2014. 6. 3.]

[제목개정 2025. 10. 1.]

제26조의3(규제의 재검토) 방송미디어통신위원회는 제16조의2제2항

에 따른 서비스품질의 평가를 위한 자료의 제출에 대하여 2021년 1월 1일부터 매 5년이 되는 시점까지 그 타당성을 검토하여 필요한 조치를 하여야 한다. 〈개정 2025. 10. 1.〉

[본조신설 2022. 1. 11.]

제6장 벌칙

제27조(벌칙) ① 다음 각 호의 어느 하나에 해당하는 자는 2년 이하의 징역 또는 3천만원 이하의 벌금에 처한다.

1. 제4조제1항에 따른 허가(변경허가를 포함한다)를 받지 아니하고 인터넷 멀티미디어 방송 제공사업을 경영한 자
2. 제14조제1항을 위반하여 필수적인 전기통신설비에의 접근 및 이용에 관한 요청을 합리적이고 정당한 사유 없이 거절한 자
3. 제14조제2항을 위반하여 다른 인터넷 멀티미디어 방송 제공사업자가 사용 중인 자기 보유설비의 사용 등을 합리적이고 정당한 사유 없이 중단하거나 제한한 자
4. 제14조제3항을 위반하여 자기 보유설비를 다른 인터넷 멀티미디어 방송 제공사업자에게 부당하게 차별적인 대가와 조건으로 제공한 자
5. 제16조제2항을 위반하여 정보를 공개한 자
6. 제24조제1항에 따른 사업정지명령을 위반한 자

② 법인의 대표자, 법인 또는 개인의 대리인·사용인 및 그 밖의 종업원이 그 법인 또는 개인의 업무에 관하여 제1항제2호부터 제4호까지의 위반행위를 한 때에는 행위자를 벌하는 외에 그 법인 또는

개인에 대하여도 각 해당 호의 벌금형을 과(科)한다. 다만, 법인 또는 개인이 그 위반행위를 방지하기 위하여 해당 업무에 관하여 상당한 주의와 감독을 게을리하지 아니한 때에는 그러하지 아니하다.

제28조(과태료) ① 다음 각 호의 어느 하나에 해당하는 자에게는 1천만원 이하의 과태료를 부과한다. 〈개정 2022. 1. 11., 2024. 1. 23.〉

1. 제11조제1항제1호 단서에 따른 신고를 하지 아니한 자

1의2. 제12조제4항에 따른 자료를 제출하지 아니한 자

2. 제15조제1항 또는 제3항을 위반하여 이용약관의 신고 또는 변경신고를 하지 아니하거나 이용약관의 승인 또는 변경승인을 받지 아니하고 인터넷 멀티미디어 방송 제공사업을 한 자

3. 제15조제4항을 위반하여 자료를 제출하지 아니한 자

4. 제16조제2항에 따른 이용자에 관한 정보 보호를 위한 조치를 취하지 아니한 자

4의2. 제16조의2제2항을 위반하여 특별한 사유 없이 필요한 자료를 제출하지 아니한 자

5. 제22조에 따른 신고를 하지 아니한 자

6. 제26조에 따른 시정명령 등을 이행하지 아니한 자

② 제1항에 따른 과태료는 대통령령으로 정하는 바에 따라 방송미디어통신위원회가 부과·징수한다. 〈개정 2008. 2. 29., 2013. 3. 23., 2017. 7. 26., 2025. 10. 1.〉

③ 삭제 〈2015. 12. 22.〉

④ 삭제 〈2015. 12. 22.〉

⑤ 삭제 〈2015. 12. 22.〉

부칙 〈제8849호, 2008. 1. 17.〉

① (시행일) 이 법은 공포 후 3개월이 경과한 날부터 시행한다.

② 삭제 〈2008. 2. 29.〉

③ 삭제 〈2008. 2. 29.〉

④(소유제한에 관한 경과조치) 이 법 시행 당시 제8조제3항에 따른 법인이 「방송법」에 따른 보도에 관한 전문편성을 행하는 방송채널사용사업을 행하는 법인의 주식 또는 지분을 소유하고 있는 경우에 당해 방송채널사용사업자가 보도에 관한 전문편성을 행하는 인터넷 멀티미디어 방송 콘텐츠사업을 하고자 하는 때에는 제8조제3항에도 불구하고 그 법인이 소유하고 있는 주식 또는 지분의 한도 내에서 주식 또는 지분을 계속 소유할 수 있다.

⑤ 삭제 〈2008. 2. 29.〉

부칙 〈제8867호, 2008. 2. 29.〉 (방송통신위원회의 설치 및 운영에 관한 법률)

제1조(시행일 등) 이 법은 공포한 날부터 시행한다. 〈단서 생략〉

제2조 부터 제6조까지 생략

제7조(다른 법률의 개정) ① 부터 ⑦ 까지 생략

⑧ 인터넷 멀티미디어 방송사업법 일부를 다음과 같이 개정한다.

제4조제1항 중 “방송위원회의 허가 추천을 받아 정보통신부장관”을 “방송통신위원회”로 하고, 같은 조 제3항 각 호 외의 부분 중 “허가 추천을”을 “허가를”로, “방송위원회 및 정보통신부장관에게”를 “방송통신위원회에”로 하며, 같은 조 제4항 각 호 외의 부분 중 “방

송위원회"를 "방송통신위원회"로, "허가 추천"을 "허가"로 하고, 같은 조 제5항 각호 외의 부분은 삭제하고, 같은 조 제4항제6호를 같은 조 제4항제8호로 하고, 같은 조 제5항제1호 및 제2호를 각각 같은 조 제4항제6호 및 제7호로 하며, 같은 조 제6항 중 "방송위원회와 정보통신부장관은 허가 추천과 허가"를 "방송통신위원회는 허가"로 하고, 같은 조 제7항 중 "허가 추천 및 허가"를 "허가"로 한다.

제6조제1항 단서 중 "정보통신부장관과 방송위원회"를 "방송통신위원회"로 한다.

제6조제2항, 제10조제2항, 제13조제1항 본문 · 제2항, 제15조제1항 · 제2항, 제17조제2항 본문 · 제3항, 제18조제2항 본문 및 단서, 제20조제1항 · 제2항 · 제3항 본문, 제22조제2항 및 제26조제1항 각 호 외의 부분 · 제3항 · 제4항 중 "방송위원회"를 각각 "방송통신위원회"로 한다.

제12조제3항 중 "방송위원회위원장과 정보통신부장관이 공동으로"를 "방송통신위원회 위원장이"로 한다.

제20조제2항 중 "문화관광부장관"을 "문화체육관광부장관"으로 한다.

제22조제1항 중 "방송위원회 및 정보통신부장관에게"를 "방송통신위원회에"로 한다.

제23조제1항 중 "방송위원회와 정보통신부장관은"을 "방송통신위원회는"으로, "방송발전기금과 「정보화촉진기본법」제33조에 따른 정보통신진흥기금"을 "방송발전기금"으로 한다.

제24조제1항 각 호 외의 부분 본문, 제25조제1항, 제26조제2항 중 "정보통신부장관은 방송위원회와 협의하여"를 각각 "방송통신위

원회는"으로 하고, 제25조제2항 중 "정보통신부장관은"을 "방송통신위원회는"으로 한다.

제28조제2항 중 "방송위원회 또는 정보통신부장관(이하 "부과권자"라 한다)이"를 "방송통신위원회(이하 "부과권자"라 한다)가"로 한다.

부칙 제2항 · 제3항 · 제5항까지를 각각 삭제한다.

⑨ 부터 ⑳ 까지 생략

제8조 부터 제12조까지 생략

부칙 〈제9700호, 2009. 5. 21.〉

이 법은 공포 후 3개월이 경과한 날부터 시행한다.

부칙 〈제9785호, 2009. 7. 31.〉 (신문 등의 진흥에 관한 법률)

제1조(시행일) 이 법은 공포 후 6개월이 경과한 날부터 시행한다.

제2조 부터 제7조까지 생략

제8조(다른 법률의 개정) ① 부터 ⑦ 까지 생략

⑧ 인터넷 멀티미디어 방송사업법 일부를 다음과 같이 개정한다.

제8조제2항 및 제3항 중 "「신문 등의 자유와 기능보장에 관한 법률」"을 각각 "「신문 등의 진흥에 관한 법률」"로 한다.

⑨ 부터 ⑭ 까지 생략

제9조 생략

부칙 〈제9787호, 2009. 7. 31.〉

이 법은 공포 후 3개월이 경과한 날부터 시행한다.

부칙 〈제10165호, 2010. 3. 22.〉 (방송통신발전 기본법)

제1조(시행일) 이 법은 공포 후 6개월이 경과한 날부터 시행한다. 다만, ···〈생략〉···, 부칙 제6조제1항, 같은 조 제2항(제36조부터 제40조까지, 제69조제8항 및 제89조제3항의 개정규정에 한한다)부터 제5항까지 및 같은 조 제7항·제8항 및 제10항은 2011년 1월 1일부터 시행한다.

제2조 부터 제5조까지 생략

제6조(다른 법률의 개정) ① 부터 ④ 까지 생략

⑤ 인터넷 멀티미디어 방송사업법 일부를 다음과 같이 개정한다.

제23조를 삭제한다.

⑥ 부터 ⑩ 까지 생략

제7조 생략

부칙 〈제10166호, 2010. 3. 22.〉 (전기통신사업법)

제1조(시행일) 이 법은 공포 후 6개월이 경과한 날부터 시행한다.

제2조 부터 제6조까지 생략

제7조(다른 법률의 개정) ① 부터 ③ 까지 생략

④ 인터넷 멀티미디어 방송사업법 일부를 다음과 같이 개정한다.

제2조제2호 중 "「전기통신기본법」"을 "「전기통신사업법」"으로 한다.

제6조제2항 본문 중 "제34조제3항제1호"를 "제39조제3항제1호"

로 하고, 제18조제1항 중 “제21조”를 “제22조”로 한다.

⑤ 부터 ⑨ 까지 생략

제8조 및 제9조 생략

부칙 〈제10857호, 2011. 7. 14.〉

이 법은 공포 후 6개월이 경과한 날부터 시행한다.

부칙 〈제11690호, 2013. 3. 23.〉 (정부조직법)

제1조(시행일) ① 이 법은 공포한 날부터 시행한다.

② 생략

제2조 부터 제5조까지 생략

제6조(다른 법률의 개정) ①부터 〈681〉까지 생략

〈682〉 인터넷 멀티미디어 방송사업법 일부를 다음과 같이 개정한다.

제4조제1항, 제5조의2제1항 및 제18조제2항 단서 중 “방송통신위원회”를 각각 “미래창조과학부장관”으로 한다.

제4조제3항 각 호 외의 부분, 제15조제1항 · 제2항, 제18조제2항 본문 및 제22조제1항 중 “방송통신위원회에”를 각각 “미래창조과학부장관에게”로 한다.

제4조제4항 각 호 외의 부분, 같은 조 제6항, 제6조제2항 단서, 제10조제2항, 제13조제2항, 제20조제2항, 제24조제1항 각 호 외의 부분 본문, 제24조의2, 제25조제1항 · 제2항, 제26조제2항 중 “방송통신위원회는”을 각각 “미래창조과학부장관은”으로 한다.

제5조의2제2항 각 호 외의 부분, 제6조제1항 단서, 같은 조 제2

항 본문, 제13조제1항 본문 및 제20조제1항 중 "방송통신위원회가"를 각각 "미래창조과학부장관이"로 한다.

제5조의2제2항제2호 중 "방송통신위원회의 시정명령"을 "방송통신위원회 또는 미래창조과학부장관의 시정명령"으로 한다.

제15조제1항 중 "방송통신위원회의"를 "미래창조과학부장관의"로 한다.

제18조제2항 단서를 다음과 같이 한다.

다만, 인터넷 멀티미디어 방송 제공사업자에게 보도를 전문으로 하거나 보도·교양·오락 등 다양한 분야를 종합적으로 편성한 콘텐츠를 제공하고자 하는 자는 방송통신위원회의 승인을 받아야 하며, 상품 소개와 판매를 전문으로 하는 콘텐츠를 제공하고자 하는 자는 미래창조과학부장관의 승인을 받아야 한다.

제20조제2항 중 "문화체육관광부장관"을 "문화체육관광부장관, 방송통신위원회"으로 한다.

제20조제3항을 다음과 같이 한다.

③ 미래창조과학부장관은 제1항을 위반한 인터넷 멀티미디어 방송 콘텐츠사업자에 대하여 금지행위의 중지 등 필요한 시정조치를 명할 수 있다. 이 경우 미래창조과학부장관은 시정조치를 명하기 전에 당사자에게 기간을 정하여 의견진술의 기회를 주어야 한다. 다만, 당사자가 정당한 사유 없이 이에 응하지 아니하는 때에는 그러하지 아니한다.

제21조제5항 전단 중 "「방송법」 제75조"를 "「방송통신발전 기본법」 제40조"로 하고, 같은 조 후단을 삭제한다.

제22조제2항 중 “방송통신위원회에”를 “미래창조과학부장관 또는 방송통신위원회에”로 한다.

제26조제1항 각 호 외의 부분 및 같은 조 제3항 중 “방송통신위원회는”을 “미래창조과학부장관 또는 방송통신위원회는 각각 소관 업무에 따라”로 한다.

제26조제1항 각 호 외의 부분에 단서를 다음과 같이 신설한다.

다만, 제17조제1항을 위반한 경우는 제외한다.

제28조제2항 중 “방송통신위원회(이하 "부과권자"라 한다)가”를 “미래창조과학부장관 또는 방송통신위원회(이하 "부과권자"라 한다)가 각각 소관 업무에 따라”로 한다.

〈683〉부터 〈710〉까지 생략

제7조 생략

부칙 〈제12725호, 2014. 6. 3.〉

제1조(시행일) 이 법은 공포 후 6개월이 경과한 날부터 시행한다.

제2조(인터넷 멀티미디어 방송 콘텐츠사업자에 대한 적용례) 제18조제3항의 개정규정은 이 법 시행 후 같은 조 제1항의 개정규정에 따라 인터넷 멀티미디어 방송용 콘텐츠를 공급하고자 하는 방송사업자 및 부가통신사업자부터 적용한다.

제3조(금치산자 등의 결격사유에 관한 경과조치) 제7조제2항제1호의 개정규정에도 불구하고 같은 개정규정 시행 당시 이미 금치산 또는 한정치산의 선고를 받고 법률 제10429호 민법 일부개정법률 부칙 제2조에 따라 금치산 또는 한정치산 선고의 효력이 유지되는 사람

에 대하여는 종전의 규정에 따른다.

부칙 〈제12874호, 2014. 12. 30.〉

이 법은 공포한 날부터 시행한다. 다만, 제9조제1항부터 제3항까지의 개정규정은 2015년 3월 15일부터 시행한다.

부칙 〈제13232호, 2015. 3. 27.〉

제1조(시행일) 이 법은 공포 후 3개월이 경과한 날부터 시행한다.

제2조(유효기간) 제13조제1항제2호 및 제3호는 이 법 시행일부터 3년간 효력을 가진다.

부칙 〈제13585호, 2015. 12. 22.〉

이 법은 공포한 날부터 시행한다.

부칙 〈제13708호, 2016. 1. 6.〉

이 법은 공포 후 6개월이 경과한 날부터 시행한다.

부칙 〈제14839호, 2017. 7. 26.〉

제1조(시행일) ① 이 법은 공포한 날부터 시행한다. 다만, 부칙 제5조에 따라 개정되는 법률 중 이 법 시행 전에 공포되었으나 시행일이 도래하지 아니한 법률을 개정한 부분은 각각 해당 법률의 시행일부터 시행한다.

제2조 부터 제4조까지 생략

제5조(다른 법률의 개정) ①부터 〈358〉까지 생략

〈359〉 인터넷 멀티미디어 방송사업법 일부를 다음과 같이 개정한다.

제4조제1항, 같은 조 제3항 각 호 외의 부분, 같은 조 제4항 각 호 외의 부분, 같은 조 제6항, 제5조의2제1항, 같은 조 제2항 각 호 외의 부분, 같은 항 제2호, 제6조제1항 단서, 같은 조 제2항 본문 및 단서, 제9조제2항 각 호 외의 부분 단서, 제10조제2항, 제11조제3항 각 호 외의 부분, 제13조제2항 · 제4항, 제14조의2, 제15조제1항 본문 및 단서, 같은 조 제2항, 제18조제2항 본문 및 단서, 제20조제1항 · 제2항, 같은 조 제3항 전단 및 후단, 제21조제5항, 제22조제1항 · 제2항, 제24조제1항 각 호 외의 부분 본문, 제24조의2, 제25조제1항 · 제2항, 제26조제1항 각 호 외의 부분 본문, 같은 조 제2항 · 제3항, 제26조의2 및 제28조제2항 중 "미래창조과학부장관"을 각각 "과학기술정보통신부장관"으로 한다.

〈360〉부터 〈382〉까지 생략

제6조 생략

부칙 〈제17344호, 2020. 6. 9.〉 (지능정보화 기본법)

제1조(시행일) 이 법은 공포 후 6개월이 경과한 날부터 시행한다. 〈단서 생략〉

제2조 부터 제6조까지 생략

제7조(다른 법률의 개정) ①부터 ⑧까지 생략

⑨ 인터넷 멀티미디어 방송사업법 일부를 다음과 같이 개정한다.

제2조제2호 중 “「국가정보화 기본법」 제3조제14호에 따른 광대역통합정보통신망”을 “「지능정보화 기본법」 제2조제9호에 따른 초연결지능정보통신망”으로 한다.

⑩부터 ⑳까지 생략

제8조 생략

부칙 〈제17347호, 2020. 6. 9.〉 (법률용어 정비를 위한 과학기술정보방송통신위원회 소관 32개 법률 일부개정을 위한 법률)

이 법은 공포한 날부터 시행한다.

부칙 〈제17359호, 2020. 6. 9.〉 (피후견인 결격조항 정비를 위한 7개 법률의 일부개정에 관한 법률)

이 법은 공포한 날부터 시행한다.

부칙 〈제17799호, 2020. 12. 29.〉 (독점규제 및 공정거래에 관한 법률)

제1조(시행일) 이 법은 공포 후 1년이 경과한 날부터 시행한다. 〈단서 생략〉

제2조 부터 제24조까지 생략

제25조(다른 법률의 개정) ①부터 〈54〉까지 생략

〈55〉 인터넷 멀티미디어 방송사업법 일부를 다음과 같이 개정한다.

제8조제3항 중 “「독점규제 및 공정거래에 관한 법률」 제2조제2호”를 “「독점규제 및 공정거래에 관한 법률」 제2조제11호”로 한다.

〈56〉부터 〈82〉까지 생략

제26조 생략

부칙 〈제18735호, 2022. 1. 11.〉

제1조(시행일) 이 법은 공포 후 6개월이 경과한 날부터 시행한다.

제2조(이용약관의 신고에 관한 적용례) 제15조제2항의 개정규정은 이 법 시행 이후 인터넷 멀티미디어 방송사업자가 이용약관을 신고하거나 변경신고를 하는 경우부터 적용한다.

부칙 〈제20066호, 2024. 1. 23.〉

이 법은 공포 후 6개월이 경과한 날부터 시행한다.

부칙 〈제20480호, 2024. 10. 22.〉

이 법은 공포 후 6개월이 경과한 날부터 시행한다.

부칙 〈제21066호, 2025. 10. 1.〉 (방송미디어통신위원회의 설치 및 운영에 관한 법률)

제1조(시행일) 이 법은 공포한 날부터 시행한다. 다만, 부칙 제7조에 따라 개정되는 법률 중 이 법 시행 전에 공포되었으나 시행일이 도래하지 아니한 법률을 개정한 부분은 각각 해당 법률의 시행일부터 시행한다.

제2조 부터 제6조까지 생략

제7조(다른 법률의 개정) ①부터 ㉘까지 생략

㉙ 인터넷 멀티미디어 방송사업법 일부를 다음과 같이 개정한다.

제4조제1항 중 "과학기술정보통신부장관"을 "방송미디어통신위원회"로 하고, 같은 조 제3항 각 호 외의 부분 중 "과학기술정보통신부장관에게"를 "방송미디어통신위원회에"로 하며, 같은 조 제4항 각 호 외의 부분 및 같은 조 제6항 중 "과학기술정보통신부장관은"을 각각 "방송미디어통신위원회는"으로 한다.

제5조의2제1항 중 "과학기술정보통신부장관"을 "방송미디어통신위원회"로 하고, 같은 조 제2항 각 호 외의 부분, 제6조제1항 단서 및 같은 조 제2항 본문 중 "과학기술정보통신부장관이"를 각각 "방송미디어통신위원회가"로 하며, 같은 항 단서 중 "과학기술정보통신부장관은"을 "방송미디어통신위원회는"으로 하고, 제5조의2제2항제2호 중 "방송통신위원회 또는 과학기술정보통신부장관의"를 "방송미디어통신위원회의"로 한다.

제9조제2항 각 호 외의 부분 단서 중 "과학기술정보통신부장관이"를 "방송미디어통신위원회가"로 한다.

제10조제2항 중 "과학기술정보통신부장관은"을 "방송미디어통신위원회는"으로 한다.

제11조제1항제1호 단서 및 같은 조 제3항 각 호 외의 부분 중 "과학기술정보통신부장관에게"를 각각 "방송미디어통신위원회에"로 하고, 같은 조 제4항 전단, 제13조제2항·제4항 및 제14조의2 중 "과학기술정보통신부장관은"을 각각 "방송미디어통신위원회는"으로 한다.

제15조제1항 중 "과학기술정보통신부장관에게"를 "방송미디어통신위원회에"로 하고, 같은 조 제3항 각 호 외의 부분 중 "과학기술정

보통신부장관”을 “방송미디어통신위원회”로 하며, 같은 조 제4항 중 “과학기술정보통신부장관에게”를 “방송미디어통신위원회에”로 하고, 같은 조 제5항 각 호 외의 부분, 제16조의2제1항, 같은 조 제2항 전단 및 같은 조 제3항 중 “과학기술정보통신부장관은”을 각각 “방송미디어통신위원회는”으로 한다.

제17조제2항 본문 및 같은 조 제3항 중 “방송통신위원회”를 각각 “방송미디어통신위원회”로 한다.

제18조제2항 본문 중 “과학기술정보통신부장관에게”를 “방송미디어통신위원회에”로 하고, 같은 항 단서를 다음과 같이 한다.

다만, 인터넷 멀티미디어 방송 제공사업자에게 보도를 전문으로 하거나 보도 · 교양 · 오락 등 다양한 분야를 종합적으로 편성한 콘텐츠를 제공하고자 하는 자와 상품 소개와 판매를 전문으로 하는 콘텐츠를 제공하고자 하는 자는 방송미디어통신위원회의 승인을 받아야 한다.

제20조제1항 중 “과학기술정보통신부장관이”를 “방송미디어통신위원회가”로 하고, 같은 조 제2항 중 “과학기술정보통신부장관은”을 “방송미디어통신위원회는”으로, “문화체육관광부장관, 방송통신위원회”를 “문화체육관광부장관”으로 하며, 같은 조 제3항 전단 및 후단 중 “과학기술정보통신부장관은”을 각각 “방송미디어통신위원회는”으로 한다.

제21조제5항, 제22조제1항 중 “과학기술정보통신부장관에게”를 각각 “방송미디어통신위원회에”로 하고, 같은 조 제2항 중 “과학기술정보통신부장관 또는 방송통신위원회”를 “방송미디어통신위원회”

로 한다.

제24조제1항 각 호 외의 부분 본문, 제24조의2 및 제25조제1항·제2항 중 "과학기술정보통신부장관은"을 각각 "방송미디어통신위원회는"으로 한다.

제26조제1항 각 호 외의 부분 본문 중 "과학기술정보통신부장관 또는 방송통신위원회는 각각 소관 업무에 따라"를 "방송미디어통신위원회는"으로 하고, 같은 조 제2항 중 "과학기술정보통신부장관은"을 "방송미디어통신위원회는"으로 하며, 같은 조 제3항 중 "과학기술정보통신부장관 또는 방송통신위원회는 각각 소관 업무에 따라"를 "방송미디어통신위원회는"으로 하고, 같은 조 제4항 중 "방송통신위원회"를 "방송미디어통신위원회"로 한다.

제26조의2의 제목 "(권한의 위임)"을 "(권한의 위임·위탁)"으로 하고, 같은 조 중 "과학기술정보통신부장관"을 "방송미디어통신위원회"로, "소속 기관의 장에게 위임"을 "그 소속 기관의 장에게 위임하거나 다른 행정기관의 장, 그 행정기관의 소속 기관의 장에게 위탁"으로 한다.

제26조의3 중 "과학기술정보통신부장관은"을 "방송미디어통신위원회는"으로 한다.

제28조제2항 중 "과학기술정보통신부장관 또는 방송통신위원회(이하 "부과권자"라 한다)가 각각 소관 업무에 따라 부과·징수한다"를 "방송미디어통신위원회가 부과·징수한다"로 한다.

㉚부터 ㊸까지 생략

제8조 생략

인터넷 멀티미디어 방송사업법 시행령

(약칭 : 인터넷방송법 시행령)

[시행 2025. 10. 1.] [대통령령 제35810호, 2025. 10. 1., 타법개정]

제1조(목적)
제2조(인터넷 멀티미디어 방송 제공사업의 허가)
제3조(허가의 유효기간)
제4조(재허가)
제5조(전국 서비스 개시기간)
제6조(겸영금지 등)
제7조(계열회사 합병 신고)
제8조(공정경쟁의 촉진)
제9조삭 제
제10조삭 제
제11조(공정한 경쟁 환경 조성을 위한 시책)
제11조의2(유료방송사업 가입자 수의 산정)
제11조의3(유료방송사업 가입자 수의 검증)
제11조의4(인터넷 멀티미디어 방송 제공사업자에 대한 시정명령의 기준)
제12조(전기통신설비의 동등제공)
제12조의2(이용약관의 신고 및 승인 등)
제12조의3(인터넷 멀티미디어 방송 서비스의 품질 평가)
제13조(과징금)
제14조(과징금의 부과 및 납부)
제15조(금지행위의 유형 및 기준)
제16조(콘텐츠사업의 신고 및 등록 대상)
제17조(콘텐츠사업의 신고 또는 등록 절차)
제17조의2(콘텐츠사업의 변경신고 또는 변경등록 절차)
제18조(콘텐츠사업의 승인 절차)

제19조(콘텐츠 동등접근)
제20조(「방송법 시행령」의 준용)
제21조삭　제
제22조(허가의 취소 등)
제23조(과징금)
제23조의2(고유식별정보의 처리)
제23조의3(권한의 위임)
제24조(과태료의 부과)

**개정 예정 법률 밑줄 별도 표시.

인터넷 멀티미디어 방송사업법 시행령

(약칭 : 인터넷방송법 시행령)

[시행 2025. 10. 1.] [대통령령 제35810호, 2025. 10. 1., 타법개정]

제1조(목적) 이 영은 「인터넷 멀티미디어 방송사업법」에서 위임된 사항과 그 시행에 필요한 사항을 규정함을 목적으로 한다.

제2조(인터넷 멀티미디어 방송 제공사업의 허가) ① 「인터넷 멀티미디어 방송사업법」(이하 "법"이라 한다) 제4조제3항제5호에서 "그 밖에 대통령령으로 정하는 사항"이란 다음 각 호의 사항을 말한다.

1. 법인의 정관(설립 중인 법인인 경우에는 제외한다)

2. 설립 예정 또는 설립 중인 법인인 경우 그 관련 서류(설립 중인 법인인 경우에만 해당한다)

3. 법인의 주식 또는 지분 소유에 관한 서류

② 법 제4조제3항에 따라 신청서를 받은 방송미디어통신위원회는 「전자정부법」 제36조제1항에 따른 행정정보의 공동이용을 통하여 법인등기부 등본(설립 중인 법인인 경우에는 제외한다)을 확인하여야 한다. 〈개정 2009. 12. 15., 2010. 5. 4., 2013. 3. 23., 2017. 7. 26., 2025. 10. 1.〉

③ 방송미디어통신위원회는 법 제4조제3항에 따른 허가 신청서를 접수한 때에는 같은 조 제4항 각 호의 사항을 심사하여 허가 여부를 결정하고, 허가를 하는 경우에는 인터넷 멀티미디어 방송 제공사업 허가증을 발급하여야 한다. 〈개정 2013. 3. 23., 2017. 7. 26., 2025. 10. 1.〉

④ 법 제4조제4항 각 호의 심사사항에 대한 배점은 별표 1과 같다.

⑤ 제1항부터 제4항까지에서 규정한 사항 외에 인터넷 멀티미디어 방송 제공사업의 허가에 필요한 구체적인 절차, 방법, 세부심사항목, 심사방법과 그 밖에 필요한 사항은 방송미디어통신위원회가 정하여 고시한다. 〈개정 2013. 3. 23., 2014. 12. 3., 2017. 7. 26., 2025. 10. 1.〉

제3조(허가의 유효기간) 법 제5조에 따른 인터넷 멀티미디어 방송 제공사업 허가의 유효기간은 7년으로 한다. 다만, 방송미디어통신위원회가 이용자의 권익 보호와 방송의 공적 책임 실현 및 공정성·공익성 보장 등을 위하여 필요하다고 인정하는 경우에는 법 제4조제4항 및 제5조의2제2항에 따른 심사결과를 고려하여 2년을 초과하지 않는 범위에서 허가의 유효기간을 단축할 수 있다. 〈개정 2009. 12. 15., 2022. 8. 16., 2025. 10. 1.〉

[제목개정 2009. 12. 15.]

제4조(재허가) ① 법 제5조의2에 따라 인터넷 멀티미디어 방송 제공사업자는 재허가를 받으려면 허가의 유효기간이 끝나기 3개월 전까지 법 제4조제3항 각 호에 규정된 사항을 포함한 허가 신청서에 사업실적보고서 및 인터넷 멀티미디어 방송 제공사업의 허가증 사본을

첨부하여 방송미디어통신위원회에 재허가 신청을 하여야 한다. 〈개정 2009. 12. 15., 2013. 3. 23., 2017. 7. 26., 2025. 10. 1.〉

② 제1항에 따른 재허가의 구체적인 절차, 방법, 세부심사항목, 심사방법과 그 밖에 필요한 사항은 방송미디어통신위원회가 정하여 고시한다. 〈신설 2014. 12. 3., 2017. 7. 26., 2025. 10. 1.〉

제5조(전국 서비스 개시기간) ① 법 제6조제2항 본문에서 “대통령령으로 정하는 기간”이란 3년을 말한다. 〈개정 2009. 12. 15.〉

② 법 제6조제2항 단서에서 “대통령령으로 정하는 기간”이란 1년을 말한다. 〈개정 2009. 12. 15.〉

제6조(겸영금지 등) ① 법 제8조제2항 및 제3항에 따른 대통령령으로 정하는 특수관계자에 관하여는 「방송법 시행령」 제3조제1항제2호 및 같은 조 제2항(제1호는 제외한다)부터 제4항까지의 규정을 적용한다.

② 법 제8조제3항에서 “대통령령으로 정하는 기준”이란 「독점규제 및 공정거래에 관한 법률」 제31조에 따라 상호출자제한기업집단으로 지정된 기업집단 중 그 지정된 날을 기준으로 자산총액 10조원 이상을 말한다. 〈개정 2021. 12. 28.〉

제7조(계열회사 합병 신고) ① 법 제11조제1항제1호 단서에 따라 「독점규제 및 공정거래에 관한 법률」 제2조제12호에 따른 계열회사인 법인의 합병 신고를 하려는 자는 방송미디어통신위원회가 정하여 고시하는 합병신고서에 다음 각 호의 서류를 첨부하여 방송미디어통신위원회에 제출해야 한다. 〈개정 2025. 10. 1.〉

1. 합병계약서 사본

2. 합병 후 존속하거나 합병으로 신설되는 법인의 정관

3. 제3항제1호 및 제2호의 기준에 적합함을 증명하는 서류

② 방송미디어통신위원회는 제1항에 따라 합병신고서를 제출받은 경우에는 「전자정부법」 제36조제1항에 따른 행정정보의 공동이용을 통하여 신고인 및 합병의 상대방 법인의 법인 등기사항증명서를 확인해야 한다. 〈개정 2025. 10. 1.〉

③ 법 제11조제4항 전단에서 "신고 내용의 사실 여부 등 대통령령으로 정하는 기준"이란 다음 각 호의 기준을 말한다.

1. 신고인과 합병의 상대방 법인이 「독점규제 및 공정거래에 관한 법률」 제2조제12호에 따른 계열회사일 것

2. 「독점규제 및 공정거래에 관한 법률」 제9조에 따른 기업결합의 제한에 해당되지 않을 것(해당 합병이 같은 법 제11조제1항 및 제2항에 따른 기업결합 신고 대상인 경우만 해당한다)

3. 신고 내용이 사실일 것

④ 방송미디어통신위원회는 제1항에 따른 신고를 받은 날부터 15일 이내에 신고수리 여부를 신고인에게 통지해야 한다. 〈개정 2025. 10. 1.〉

[본조신설 2024. 7. 16.]

제8조(공정경쟁의 촉진) ① 법 제12조제1항에 따라 다른 사업의 지배력이 인터넷 멀티미디어 방송 제공사업으로 부당하게 전이되지 아니하도록 하기 위하여 인터넷 멀티미디어 방송 제공사업자는 방송미디어통신위원회가 정하여 고시하는 바에 따라 인터넷 멀티미디어 방송 제공사업의 회계를 다른 사업과 구분하여 처리하여야 한다. 〈개

정 2013. 3. 23., 2017. 7. 26., 2025. 10. 1.〉

② 인터넷 멀티미디어 방송 제공사업자는 제1항에 따라 작성한 회계에 관한 사항이 포함된 영업보고서를 매 회계연도 종료 후 3개월 이내에 방송미디어통신위원회에 제출하고, 관련 장부와 근거자료를 비치하여야 한다. 〈개정 2013. 3. 23., 2017. 7. 26., 2025. 10. 1.〉

③ 방송미디어통신위원회는 제2항에 따라 제출된 영업보고서의 내용을 검증하여야 한다. 〈개정 2013. 3. 23., 2017. 7. 26., 2025. 10. 1.〉

④ 방송미디어통신위원회는 인터넷 멀티미디어 방송 제공사업자에게 제3항에 따른 검증을 위하여 필요한 자료의 제출을 요구하거나 사실 확인에 필요한 검사를 할 수 있다. 〈개정 2013. 3. 23., 2017. 7. 26., 2025. 10. 1.〉

제9조 삭제 〈2012. 1. 13.〉

제10조 삭제 〈2012. 1. 13.〉

제11조(공정한 경쟁 환경 조성을 위한 시책) 방송미디어통신위원회는 경쟁상황 평가 결과를 토대로 인터넷 멀티미디어 방송 제공사업의 효율적인 경쟁체제 구축과 공정한 경쟁환경 조성을 위한 시책을 수립 · 시행하여야 한다. 〈개정 2013. 3. 23., 2017. 7. 26., 2025. 10. 1.〉

제11조의2(유료방송사업 가입자 수의 산정) ① 법 제13조제1항 각 호에 따른 방송사업자(이하 "유료방송사업자"라 한다)의 가입자 수는 해당 방송사업자로부터 방송서비스를 제공받기로 계약이 체결된 단

말장치(유료방송사업자로부터 전송된 신호를 가입자의 텔레비전 수상기에 전달하는 장치를 말한다. 이하 같다)의 수로 산정하되, 단말장치가 제공되지 아니하는 경우에는 계약이 체결된 단자(텔레비전 수상기에 연결하여 유료방송사업자로부터 전송된 신호를 수신할 수 있는 접속점을 말한다. 이하 같다)의 수로 산정한다.

② 제1항에도 불구하고 유료방송사업자가 사회적 약자의 편의나 복지 증진 등 영업 외의 목적으로 무상의 방송서비스를 제공하기로 계약을 체결한 단말장치 또는 단자의 수는 가입자 수에서 제외하여 가입자 수를 산정한다.

[본조신설 2015. 6. 22.]

제11조의3(유료방송사업 가입자 수의 검증) ① 유료방송사업자는 제11조의2에 따라 산정한 가입자 수의 월별 현황 자료를 매월 말일부터 2개월 이내에 방송미디어통신위원회에 제출하여야 한다. 〈개정 2017. 7. 26., 2025. 10. 1.〉

② 방송미디어통신위원회는 제1항에 따라 제출받은 자료의 정확성을 확인하고 가입자 수를 확정하기 위하여 가입자 수의 검증을 실시한다. 〈개정 2017. 7. 26., 2025. 10. 1.〉

③ 제2항에 따른 검증은 서류검토, 현장실사 및 표본조사 등 방송미디어통신위원회가 정하여 고시하는 방법으로 실시한다. 〈개정 2017. 7. 26., 2025. 10. 1.〉

④ 방송미디어통신위원회는 제2항 및 제3항에 따라 검증을 실시한 후 그 검증 결과를 유료방송에 관한 전문가 등으로 구성된 전문심의회의 심의를 거쳐 확정한다. 〈개정 2017. 7. 26., 2025. 10. 1.〉

⑤ 제4항에 따른 전문심의회의 구성·운영 등에 필요한 사항은 방송미디어통신위원회가 정하여 고시한다. 〈개정 2017. 7. 26., 2025. 10. 1.〉

⑥ 제2항부터 제4항까지의 규정에 따른 검증은 제1항에 따라 반기(半期) 동안 제출된 월별 현황 자료를 기준으로 진행하되 매 반기 종료일부터 4개월 이내에 마쳐야 한다.

⑦ 방송미디어통신위원회는 제4항에 따라 확정된 검증 결과를 유료방송사업자에게 통보하여야 한다. 〈개정 2017. 7. 26., 2025. 10. 1.〉

⑧ 유료방송사업자는 제7항에 따라 통보받은 검증 결과에 대하여 이의가 있는 경우에는 통보받은 날부터 7일 이내에 방송미디어통신위원회에 이의를 제기할 수 있다. 〈개정 2017. 7. 26., 2025. 10. 1.〉

⑨ 방송미디어통신위원회는 제8항에 따른 이의가 이유 있다고 인정되는 경우에는 재검증을 실시하여야 한다. 이 경우 재검증의 방법 및 절차에 관하여는 제2항부터 제4항까지의 규정을 준용한다. 〈개정 2017. 7. 26., 2025. 10. 1.〉

⑩ 제9항에 따른 재검증은 한차례만 실시하되, 제8항에 따른 이의 제기가 있은 날부터 1개월 이내에 마쳐야 한다.

[본조신설 2015. 6. 22.]

제11조의4(인터넷 멀티미디어 방송 제공사업자에 대한 시정명령의 기준) 방송미디어통신위원회는 제11조의3에 따른 검증을 거쳐 확정된 반기별 월평균 가입자 수를 기준으로 특정 인터넷 멀티미디어 방송 제공사업자에 대하여 법 제13조제2항에 따른 시정을 명할 수

있다. 〈개정 2017. 7. 26., 2025. 10. 1.〉

[본조신설 2015. 6. 22.]

제12조(전기통신설비의 동등제공) ① 법 제14조제1항에 따른 필수적인 전기통신설비는 해당 인터넷 멀티미디어 방송 제공사업에 필요한 설비로서, 법 제14조제1항에 따라 인터넷 멀티미디어 방송 제공사업을 하려는 자가 설비에 대한 접근 및 이용 요청을 하였으나 거절당하여 그 설비를 직접 구축하거나 다른 사업자의 대체설비를 이용하게 될 경우 해당 시장에서 경쟁력이 현저히 저하되어 공정한 경쟁이 사실상 불가능해지는 설비를 말한다.

② 제1항에 따른 전기통신설비는 디지털가입자망 등 선로설비와 전주·관로·통신구 등 기반설비로 구분할 수 있으며, 구체적인 설비의 대상은 방송미디어통신위원회가 정하여 고시한다. 〈개정 2013. 3. 23., 2017. 7. 26., 2025. 10. 1.〉

③ 법 제14조제1항에 따라 전기통신설비의 제공을 거절할 수 있는 정당한 사유란 다음 각 호의 어느 하나에 해당하는 경우를 말한다.

1. 제1항에 따른 전기통신설비와 접속하는 설비가 기술기준이나 국가표준에 맞지 아니하는 경우

2. 전기통신설비를 제공하는 경우 기술방식의 차이 등으로 인하여 그 전기통신설비를 사용하는 사업 운영에 현저한 손실이나 장애가 발생할 정도로 설비의 재설계 또는 변경이 필요한 경우

3. 전기통신설비를 제공하는 경우 그 전기통신설비를 이용하여 제공하는 서비스에 현저한 장애를 초래하는 경우

4. 다른 사업자에게 제공할 여유설비 또는 여유용량이 부족한 경우

5. 해당 인터넷 멀티미디어 방송 제공사업자의 영업비밀을 보호하기 위하여 상당한 필요성이 있는 경우

6. 전기통신설비의 접근·이용을 요청한 날부터 1년 이내에 설비 개선을 위한 공사계획이나 설비 이전계획이 있음을 객관적으로 증명할 수 있는 경우

④ 법 제14조제2항에 따라 전기통신설비의 제공을 중단하거나 제한할 수 있는 정당한 사유란 다음 각 호의 어느 하나에 해당하는 경우를 말한다.

1. 제3항제1호부터 제3호까지의 경우

2. 해킹, 컴퓨터 바이러스 등으로 인한 기술적 장애

3. 사업의 휴지 또는 폐지

4. 천재지변으로 정상적인 운영이 어려운 경우

⑤ 법 제14조제1항에 따라 전기통신설비에의 접근 및 이용에 관한 요청을 하려는 자(이하 "요청사업자"라 한다)는 그 전기통신설비를 보유한 인터넷 멀티미디어 방송 제공사업자에게 전기통신설비의 구간, 장소, 종류, 규격, 사용기간 및 용도 등을 서면에 적어 요청하여야 한다.

⑥ 제5항에 따라 요청을 받은 인터넷 멀티미디어 방송 제공사업자는 그 요청일부터 15일 이내에 해당 전기통신설비를 제공할 수 있는지와 제공할 수 있는 시기 등을 요청사업자에게 통보하여야 한다. 이 경우 제3항 각 호의 어느 하나에 해당되어 전기통신설비를 제공할 수 없는 경우에는 그 사유를 서면으로 통보하여야 한다.

⑦ 제5항에 따라 요청을 받은 인터넷 멀티미디어 방송 제공사업

자는 제6항 전단에 따라 요청사업자에게 전기통신설비를 제공할 수 있다는 통보를 한 경우에는 그 요청일부터 45일 이내에 요청사업자와 계약을 체결하고, 계약을 체결한 날부터 30일 이내에 그 설비를 제공하여야 한다.

⑧ 법 제14조제4항에 따른 전기통신설비의 이용대가는 제공하는 전기통신설비의 원가를 기준으로 해당 사업자 간에 협의하여 정할 수 있다. 이 경우 원가는 해당 전기통신설비의 감가상각비, 투자보수비 및 운영비용을 토대로 합리적이고 공정하게 산정하여야 한다.

⑨ 제1항부터 제8항까지에서 규정한 사항 외에 전기통신설비의 동등제공에 필요한 사항은 방송미디어통신위원회가 정하여 고시한다. 〈개정 2013. 3. 23., 2017. 7. 26., 2025. 10. 1.〉

제12조의2(이용약관의 신고 및 승인 등) ① 인터넷 멀티미디어 방송 제공사업자가 법 제15조제1항에 따라 제공하려는 서비스의 이용요금·이용조건에 관한 약관(이하 이 조에서 "이용약관"이라 한다)을 신고(변경신고를 포함한다. 이하 이 조에서 같다)하려는 경우에는 다음 각 호의 사항을 포함한 이용약관을 방송미디어통신위원회에 제출해야 한다. 〈개정 2025. 10. 1.〉

1. 상품별 이용요금

2. 이용조건

3. 사업자와 시청자의 권리 및 책임에 관한 사항

4. 변경 전후 내용 대비표와 변경사유(변경신고를 하는 경우에만 제출한다)

② 방송미디어통신위원회는 제1항에 따른 신고를 받은 날부터 7

일 이내에 신고수리 여부 또는 민원 처리 관련 법령에 따른 처리기간의 연장 여부를 신고인에게 통지해야 한다. 〈개정 2025. 10. 1.〉

③ 방송미디어통신위원회가 제2항에서 정한 기간 내에 신고수리 여부 또는 민원 처리 관련 법령에 따른 처리기간의 연장을 신고인에게 통지하지 않으면 그 기간(민원 처리 관련 법령에 따라 처리기간이 연장 또는 재연장된 경우에는 해당 처리기간으로 한다)이 끝난 날의 다음 날에 신고를 수리한 것으로 본다. 〈개정 2025. 10. 1.〉

④ 방송미디어통신위원회는 법 제15조제4항에 따른 이용약관의 승인(변경승인을 포함한다. 이하 이 항에서 같다) 신청을 받은 날부터 30일 이내에 같은 조 제2항 각 호의 요건 및 같은 조 제5항 각 호의 기준을 충족하는지를 심사하여 승인 여부를 신청인에게 통지해야 한다. 〈개정 2025. 10. 1.〉

[본조신설 2022. 6. 28.]

제12조의3(인터넷 멀티미디어 방송 서비스의 품질 평가) ① 방송미디어통신위원회는 법 제16조의2제1항에 따라 다음 각 호의 사항을 평가내용으로 하는 인터넷 멀티미디어 방송 서비스 품질 평가를 매년 실시해야 한다. 〈개정 2025. 10. 1.〉

1. 채널별 음량이나 영상 품질 등 단말장치를 통해 시청자에게 제공되는 인터넷 멀티미디어 방송 서비스의 품질 수준에 관한 사항

2. 방송프로그램별로 대가를 받고 제공하는 콘텐츠에 노출되는 광고 현황에 관한 사항

3. 그 밖에 인터넷 멀티미디어 방송 서비스의 품질을 개선하고 시청자의 편익을 증진하기 위하여 방송미디어통신위원회가 정하여

고시하는 사항

② 방송미디어통신위원회는 법 제16조의2제2항에 따라 인터넷 멀티미디어 방송사업자에게 다음 각 호의 자료를 제출해 줄 것을 요청할 수 있다. 〈개정 2025. 10. 1.〉

1. 인터넷 멀티미디어 방송 서비스의 품질 수준을 측정하는 데 필요한 단말장치에 관한 자료

2. 방송프로그램별로 대가를 받고 제공하는 콘텐츠 현황에 관한 자료

3. 그 밖에 인터넷 멀티미디어 방송 서비스 품질 평가에 필요한 자료로서 방송미디어통신위원회가 정하여 고시하는 자료

③ 제2항에 따른 자료 제출의 요청을 받은 인터넷 멀티미디어 방송사업자는 그 요청을 받은 날부터 30일 이내에 해당 자료를 방송미디어통신위원회에 제출해야 한다. 다만, 부득이한 사유가 있는 경우에는 방송미디어통신위원회에 자료 제출기간의 연장을 요청할 수 있다. 〈개정 2025. 10. 1.〉

④ 방송미디어통신위원회는 제1항에 따라 인터넷 멀티미디어 방송 서비스 품질 평가를 실시하기 전에 평가 항목, 평가 일정 등 평가 실시에 필요한 사항을 인터넷 멀티미디어 방송사업자에게 통지해야 한다. 〈개정 2025. 10. 1.〉

⑤ 방송미디어통신위원회는 제1항에 따라 인터넷 멀티미디어 방송 서비스 품질 평가를 실시한 경우에는 법 제16조의2제3항에 따라 그 결과를 방송미디어통신위원회의 인터넷 홈페이지에 게시하는 방법으로 공개해야 한다. 〈개정 2025. 10. 1.〉

⑥ 제1항부터 제5항까지에서 규정한 사항 외에 인터넷 멀티미디어 방송 서비스 품질 평가 등에 필요한 세부사항은 방송미디어통신위원회가 정하여 고시한다. 〈개정 2025. 10. 1.〉

[본조신설 2022. 6. 28.]

제13조(과징금) ① 법 제17조제2항 본문에서 "매출액"이란 해당 인터넷 멀티미디어 방송 제공사업자가 인터넷 멀티미디어 방송 제공사업을 하기 직전 3개 사업연도의 연평균 매출액을 말한다. 다만, 해당 사업연도의 첫날 현재 사업을 시작한지 3년이 되지 아니하는 경우에는 그 사업 개시 후 직전 사업연도 말일까지의 매출액을 연평균 매출액으로 환산한 금액을 말하며, 해당 사업연도에 사업을 시작한 경우에는 사업 개시일부터 위반행위를 한 날까지의 매출액을 연매출액으로 환산한 금액을 말한다.

② 법 제17조제2항에 따라 과징금을 부과하는 위반행위의 종류와 그에 대한 과징금 부과 상한액 및 산정기준은 별표 2와 같다.

③ 법 제17조제2항 단서에서 "매출액이 없거나 매출액의 산정이 곤란한 경우로서 대통령령으로 정하는 때"란 다음 각 호의 어느 하나에 해당하는 때를 말한다.

1. 영업을 시작하지 아니하거나 영업중단 등으로 인하여 영업실적이 없는 때

2. 재해 등으로 인하여 매출액 산정자료가 소멸되거나 훼손되어 객관적인 매출액 산정이 곤란한 경우

제14조(과징금의 부과 및 납부) ① 방송미디어통신위원회가 법 제17조제2항에 따라 과징금을 부과하려는 경우에는 해당 위반행위를

조사·확인한 후 위반사실, 부과금액, 이의제기 방법 및 이의제기 기간 등을 서면으로 밝혀 과징금을 낼 것을 과징금 부과대상자에게 통지하여야 한다. 〈개정 2025. 10. 1.〉

② 제1항에 따라 통지를 받은 자는 통지를 받은 날부터 20일 이내에 방송미디어통신위원회가 정하는 수납기관에 과징금을 내야 한다. 〈개정 2023. 12. 12., 2025. 10. 1.〉

③ 제2항에 따라 과징금을 받은 수납기관은 과징금을 낸 자에게 영수증을 발급하여야 한다.

④ 과징금 수납기관은 제2항에 따라 과징금을 받았을 때에는 지체 없이 그 사실을 방송미디어통신위원회에 통보하여야 한다. 〈개정 2025. 10. 1.〉

제15조(금지행위의 유형 및 기준) ① 법 제17조제1항 각 호에 따른 행위의 유형 및 기준은 별표 3과 같다.

② 방송미디어통신위원회는 제1항에 따른 유형 및 기준에 대한 세부기준을 정하여 고시할 수 있다. 〈개정 2025. 10. 1.〉

제16조(콘텐츠사업의 신고 및 등록 대상) ① 법 제18조제2항 본문에 따라 다음 각 호의 어느 하나에 해당하는 자(제2항 및 법 제18조제2항 단서에 해당하는 자는 제외한다)는 방송미디어통신위원회에 인터넷 멀티미디어 방송 콘텐츠사업의 신고를 하여야 한다. 〈개정 2010. 10. 1., 2013. 3. 23., 2014. 12. 3., 2017. 7. 26., 2025. 10. 1.〉

1. 삭제 〈2014. 12. 3.〉
2. 삭제 〈2014. 12. 3.〉

3. 다른 법률의 규정에 따라 콘텐츠를 제작·공급하는 사업을 하는 자 및 콘텐츠를 제작·공급하는 자로서 콘텐츠를 인터넷 멀티미디어 방송 제공사업자에게 공급하려는 자

② 법 제18조제2항 본문에 따라 다음 각 호에 해당하는 자는 방송미디어통신위원회에 인터넷 멀티미디어 방송 콘텐츠사업의 등록을 하여야 한다. 〈개정 2010. 10. 1., 2013. 3. 23., 2014. 12. 3., 2017. 7. 26., 2025. 10. 1.〉

1. 「방송법」 제2조제3호에 따른 방송사업자로서 「방송법」에 따라 허가·등록 또는 승인받은 것이 아닌 콘텐츠(종합유선방송사업자와 위성방송사업자의 경우에는 직접사용채널의 콘텐츠만 해당한다)를 실시간 방송프로그램의 형태로 인터넷 멀티미디어 방송 제공사업자에게 공급하려는 자

2. 「전기통신사업법」 제22조에 따라 방송미디어통신위원회에 신고한 부가통신사업자로서 실시간 방송프로그램의 형태로 콘텐츠를 인터넷 멀티미디어 방송 제공사업자에게 공급하려는 자

3. 다른 법률의 규정에 따라 콘텐츠를 제작·공급하는 사업을 하는 자 및 콘텐츠를 제작·공급하는 자로서 실시간 방송프로그램의 형태로 콘텐츠를 인터넷 멀티미디어 방송 제공사업자에게 공급하려는 자

제17조(콘텐츠사업의 신고 또는 등록 절차) ① 제16조제1항에 따라 인터넷 멀티미디어 방송 콘텐츠사업의 신고를 하려는 자는 다음 각 호의 사항을 적은 인터넷 멀티미디어 방송 콘텐츠사업 신고서를 방송미디어통신위원회에 제출하여야 한다. 〈개정 2009. 12. 15.,

2013. 3. 23., 2014. 12. 3., 2017. 7. 26., 2025. 10. 1.〉

1. 사업자명

2. 대표자명

3. 상품 또는 서비스명

4. 콘텐츠 공급 분야

4의2. 실시간 방송프로그램 편성 책임자

5. 주된 사무소 및 주요 시설의 소재지

6. 납입자본금(법인인 경우에만 해당한다)

7. 발행주식 또는 지분 총수의 100분의 5 이상을 가진 주주 또는 출자자의 구성(법인인 경우에만 해당한다)

8. 법 제9조에 따른 외국인의 주식소유 현황 및 관련 증명서류(법인인 경우에만 해당한다)

9. 제16조제1항제3호에 따른 다른 법률의 규정에 따라 콘텐츠를 제작·공급하는 사업을 하는 자 또는 콘텐츠를 제작·공급하는 자임을 증명하는 서류

② 방송미디어통신위원회는 제1항에 따른 인터넷 멀티미디어 방송 콘텐츠사업의 신고를 받으면 인터넷 멀티미디어 방송콘텐츠 사업 신고증을 신고인에게 발급하여야 한다. 〈개정 2013. 3. 23., 2017. 7. 26., 2025. 10. 1.〉

③ 삭제 〈2014. 12. 3.〉

④ 제16조제2항에 따른 인터넷 멀티미디어 방송 콘텐츠사업의 등록에 관하여는 「방송법 시행령」 제8조제1항 및 제2항을 준용한다. 〈개정 2009. 12. 15.〉

⑤ 삭제 〈2014. 12. 3.〉

⑥ 제1항부터 제5항까지에서 규정한 사항 외에 인터넷 멀티미디어 방송 콘텐츠사업의 신고 또는 등록에 필요한 구체적인 절차 및 방법에 관하여는 방송미디어통신위원회가 정하여 고시한다. 〈개정 2009. 12. 15., 2013. 3. 23., 2017. 7. 26., 2025. 10. 1.〉

제17조의2(콘텐츠사업의 변경신고 또는 변경등록 절차) ① 제16조제1항에 따라 방송미디어통신위원회에 신고한 인터넷 멀티미디어 방송 콘텐츠사업자가 제17조제1항 각 호의 신고사항을 변경한 경우에는 변경한 날부터 7일 이내에 방송미디어통신위원회에 변경신고를 하여야 한다. 다만, 제17조제1항제7호 또는 제8호의 사항이 변경된 경우에는 그 해 말을 기준으로 변경된 사항을 다음 해 3월 31일까지 방송미디어통신위원회에 변경신고를 하여야 한다. 〈개정 2017. 7. 26., 2025. 10. 1.〉

② 제1항에도 불구하고 방송미디어통신위원회에 신고한 인터넷 멀티미디어 방송 콘텐츠사업자가 제17조제1항제6호부터 제8호까지의 규정과 관련하여 다음 각 호의 사항을 변경하려는 경우에는 「방송법 시행령」 제15조의2제1항·제2항 및 제6항을 준용하여 같은 영에서 정한 기한 내에 방송미디어통신위원회에 변경신고를 하여야 한다. 〈개정 2017. 7. 26., 2025. 10. 1.〉

1. 해당 콘텐츠사업자의 최다액출자자(해당 사업자의 출자자 본인과 그의 특수관계자의 주식 또는 지분을 합하여 의결권이 있는 주식 또는 지분의 비율이 가장 많은 자를 말한다. 이하 같다)

2. 경영권을 실질적으로 지배하는 자

③ 제16조제2항에 따라 방송미디어통신위원회에 등록한 인터넷 멀티미디어 방송 콘텐츠사업자가 제17조제4항에 따라 준용되는 「방송법 시행령」 제8조제1항제1호ㆍ제2호ㆍ제3호(납입자본금만 해당한다)ㆍ제5호ㆍ제6호ㆍ제7호의 사항을 변경한 경우에는 변경한 날부터 7일 이내에(같은 항 제5호의 사항이 변경된 경우에는 그 해 말을 기준으로 다음 해 3월 31일까지) 방송미디어통신위원회에 변경신고를 하여야 하고, 「방송법 시행령」 제8조제1항제4호를 변경하려는 경우에는 방송미디어통신위원회에 변경등록을 하여야 한다. 〈개정 2017. 7. 26., 2025. 10. 1.〉

④ 제3항에도 불구하고 방송미디어통신위원회에 등록한 인터넷 멀티미디어 방송 콘텐츠사업자가 「방송법 시행령」 제8조제1항과 관련하여 다음 각 호의 사항을 변경하려는 경우에는 다음 각 호의 구분에 따라 변경신고 또는 변경등록을 하여야 한다. 이 경우 변경신고 및 변경등록 기간 등에 관하여는 「방송법 시행령」 제15조의2제1항ㆍ제2항 및 제6항을 준용한다. 〈개정 2017. 7. 26., 2025. 10. 1.〉

1. 해당 콘텐츠사업자의 최다액출자자: 변경신고
2. 경영권을 실질적으로 지배하는 자: 변경신고
3. 해당 법인의 합병 및 분할: 변경등록

⑤ 법 제18조제3항 각 호에 해당하는 자가 다음 각 호의 어느 하나에 해당하는 경우에는 제1항부터 제4항까지의 규정에 따른 변경신고 또는 변경등록을 한 것으로 본다.

1. 「방송법」 제15조 및 제15조의2에 따라 변경신고 또는 변경등

록을 한 경우

2. 「전기통신사업법」 제23조에 따른 변경신고를 한 경우

⑥ 제1항부터 제5항까지에서 규정한 사항 외에 인터넷 멀티미디어 방송 콘텐츠사업자의 변경신고 또는 변경등록에 필요한 구체적인 절차 및 방법에 관하여는 방송미디어통신위원회가 정하여 고시한다. 〈개정 2017. 7. 26., 2025. 10. 1.〉

[본조신설 2014. 12. 3.]

제18조(콘텐츠사업의 승인 절차) ① 법 제18조제2항 단서에 따라 인터넷 멀티미디어 방송 콘텐츠사업의 승인을 받으려는 자(「법 제18조제3항 각 호에 해당하는 자로서 「방송법」 제9조제5항 단서에 따른 방송채널사용사업의 승인을 받은 자는 제외한다)는 제17조제1항 각 호의 사항을 인터넷 멀티미디어 방송 콘텐츠 사업 승인신청서에 적어 방송미디어통신위원회에 제출하여야 한다. 이 경우 그 승인에 관하여는 「방송법 시행령」 제10조를 준용한다. 〈개정 2013. 3. 23., 2014. 12. 3., 2017. 7. 26., 2025. 10. 1.〉

1. 삭제 〈2025. 10. 1.〉

2. 삭제 〈2025. 10. 1.〉

② 인터넷 멀티미디어 방송 콘텐츠사업자는 승인받은 사항 중 다음 각 호의 사항을 변경하려면 인터넷 멀티미디어 방송 콘텐츠사업의 변경승인 신청서를 방송미디어통신위원회에 제출하여야 하고, 제17조제1항 각 호(제4호는 제외한다)의 사항을 변경하려는 경우에는 변경한 날부터 7일 이내에 방송미디어통신위원회에 신고하여야 한다. 이 경우 제2호 및 제3호에 대한 변경승인에 관하여는 「방송법

시행령」 제15조의2제1항 및 제2항을 준용한다. 〈개정 2013. 3. 23., 2014. 12. 3., 2017. 7. 26., 2025. 10. 1.〉

1. 제17조제1항제4호
2. 해당 콘텐츠사업의 최다액출자자
3. 경영권을 실질적으로 지배하는 자

③ 제2항에도 불구하고 법 제18조제3항 각 호에 해당하는 자로서 「방송법」 제9조제5항 단서에 따른 방송채널사용사업의 승인을 받은 자는 「방송법」 제15조 및 제15조의2에 따라 변경승인받거나 변경신고를 한 경우 제2항에 따른 변경승인을 받거나 변경신고를 한 것으로 본다. 〈신설 2014. 12. 3.〉

④ 방송미디어통신위원회는 제1항 본문 및 제2항 전단에 따라 승인신청서 또는 변경승인 신청서를 접수한 경우에는 그 신청서를 접수한 날부터 30일 이내에 승인 여부를 결정하고 그 결과를 신청인에게 통보하여야 한다. 〈개정 2013. 3. 23., 2014. 12. 3., 2017. 7. 26., 2025. 10. 1.〉

⑤ 제1항부터 제4항까지에서 규정한 사항 외에 승인 및 변경승인에 필요한 구체적인 절차, 방법, 세부심사항목, 심사방법과 그 밖에 필요한 사항에 관하여는 방송미디어통신위원회가 각각 소관 업무에 따라 정하여 고시한다. 〈개정 2013. 3. 23., 2014. 12. 3., 2017. 7. 26., 2025. 10. 1.〉

제19조(콘텐츠 동등접근) 방송미디어통신위원회는 법 제20조제1항에 따라 인터넷 멀티미디어 방송 콘텐츠사업자가 제공하는 실시간 방송프로그램에 대하여 주요 방송프로그램을 다음 각 호의 기준을

고려하여 고시한다. 〈개정 2013. 3. 23., 2017. 7. 26., 2025. 10. 1.〉

1. 해당 실시간 방송프로그램의 시청률 또는 시청점유율이 방송미디어통신위원회가 정하는 비율 이상인지 여부

2. 해당 실시간 방송프로그램의 공익성

3. 해당 실시간 방송프로그램의 접근·이용 또는 거래를 거절·중단 및 제한할 경우 인터넷 멀티미디어 방송 제공사업자의 경쟁력이 현저히 저하됨으로써 다른 사업자와의 공정한 경쟁이 저해되는지 여부

제20조(「방송법 시행령」의 준용) ① 인터넷 멀티미디어 방송 콘텐츠사업자가 제공하는 실시간 방송프로그램의 내용심의에 관하여는 「방송법 시행령」 제21조 및 제66조의4를 준용한다. 이 경우 "방송사업자·중계유선방송사업자 및 전광판방송사업자"는 "법 제18조제2항 본문 및 단서에 따라 신고(제16조제1항제3호에 따라 신고한 자는 제외한다) 또는 등록하거나 승인을 받은 인터넷 멀티미디어 방송 콘텐츠사업자"로 본다. 〈개정 2014. 12. 3., 2022. 6. 28.〉

② 인터넷 멀티미디어 방송 제공사업자가 제공하는 실시간 방송프로그램의 단위의 구성과 운용에 관하여는 다음 각 호의 구분에 따라 「방송법 시행령」 제53조제1항제2호, 같은 조 제2항제2호 각 목의 규정(가목 및 나목은 제외한다), 같은 조 제3항·제4항 및 제54조를 준용한다. 〈개정 2024. 12. 31.〉

1. 삭제 〈2024. 12. 31.〉

2. 「방송법 시행령」 제53조제1항제2호다목 중 "방송채널사용사업자"는 "방송채널사용사업자(인터넷 멀티미디어 방송 콘텐츠사업자인

경우에만 해당한다)”로 볼 것

3. 삭제 〈2024. 12. 31.〉

4. 「방송법 시행령」 제54조제1항 중 “공공채널과 종교의 선교 목적을 지닌 채널”은 “공공채널과 종교의 선교 목적을 지닌 채널(인터넷 멀티미디어 방송 콘텐츠사업자의 실시간 방송프로그램에만 해당한다)”로 볼 것

③ 인터넷 멀티미디어 방송 콘텐츠사업자의 방송프로그램의 편성에 관하여는 「방송법 시행령」 제50조부터 제52조까지 및 제52조의2를 준용하되, 제16조제2항 또는 제18조제1항 단서에 따라 등록하거나 승인을 받은 인터넷 멀티미디어 방송 콘텐츠사업자의 방송프로그램의 전문편성에 관하여는 「방송법 시행령」 제50조제4항제1호다목을 준용한다. 이 경우 “방송사업자”는 “법 제18조제2항 본문 및 단서에 따라 신고(제16조제1항제3호에 따라 신고한 자는 제외한다) 또는 등록하거나 승인을 받은 인터넷 멀티미디어 방송 콘텐츠사업자”로 본다. 〈개정 2014. 12. 3.〉

④ 인터넷 멀티미디어 방송 콘텐츠사업자의 국내 방송프로그램의 편성에 관하여는 「방송법 시행령」 제57조를 준용하되, 제16조제2항 및 제18조제1항 단서에 따라 등록하거나 승인을 받은 인터넷 멀티미디어 방송 콘텐츠사업자의 국내제작 방송프로그램의 편성의 비율에 관하여는 「방송법 시행령」 제57조제1항제3호를 준용한다. 이 경우 “방송사업자”는 “법 제18조제2항 본문 및 단서에 따라 신고(제16조제1항제3호에 따라 신고한 자는 제외한다) 또는 등록하거나 승인을 받은 인터넷 멀티미디어 방송 콘텐츠사업자”로 본다. 〈개정

2014. 12. 3.〉

⑤ 인터넷 멀티미디어 방송 콘텐츠사업자의 외주제작 방송프로그램의 편성에 관하여는 「방송법 시행령」 제58조를 준용한다. 이 경우 "방송사업자"는 "법 제18조제2항 본문 및 단서에 따라 신고(제16조제1항제3호에 따라 신고한 자는 제외한다) 또는 등록하거나 승인을 받은 인터넷 멀티미디어 방송 콘텐츠사업자"로 본다. 〈개정 2014. 12. 3.〉

⑥ 인터넷 멀티미디어 방송 콘텐츠사업자의 방송광고에 관하여는 「방송법 시행령」 제59조를 준용하되, 제16조제2항 및 제18조제1항 단서에 따라 등록하거나 승인을 받은 인터넷 멀티미디어 방송 콘텐츠사업자의 방송광고의 허용범위 등에 관하여는 「방송법 시행령」 제59조제2항제2호를 준용한다. 이 경우 "방송사업자"는 "법 제18조제2항 본문 및 단서에 따라 신고(제16조제1항제3호에 따라 신고한 자는 제외한다) 또는 등록하거나 승인을 받은 인터넷 멀티미디어 방송 콘텐츠사업자"로 본다. 〈개정 2014. 12. 3.〉

⑦ 인터넷 멀티미디어 방송 콘텐츠사업자의 협찬고지에 관하여는 「방송법 시행령」 제60조를 준용한다. 이 경우 "방송사업자"는 "법 제18조제2항 본문 및 단서에 따라 신고(제16조제1항제3호에 따라 신고한 자는 제외한다) 또는 등록하거나 승인을 받은 인터넷 멀티미디어 방송 콘텐츠사업자"로 본다. 〈개정 2014. 12. 3.〉

⑧ 인터넷 멀티미디어 방송 콘텐츠사업자의 보편적 시청권 보장을 위한 조치에 관하여는 「방송법 시행령」 제60조의3부터 제60조의6까지의 규정을 준용한다. 이 경우 "방송사업자"는 "법 제18조제2항

본문 및 단서에 따라 신고(제16조제1항제3호에 따라 신고한 자는 제외한다) 또는 등록하거나 승인을 받은 인터넷 멀티미디어 방송 콘텐츠사업자"로 본다. 〈개정 2014. 12. 3.〉

⑨ 인터넷 멀티미디어 방송 제공사업자의 재송신에 관하여는 「방송법 시행령」 제61조를 준용한다. 이 경우 "종합유선방송사업자 및 중계유선방송사업자"는 "인터넷 멀티미디어 방송 제공사업자"로 본다.

⑩ 외국방송사업자의 인터넷 멀티미디어 방송 제공사업자를 통한 국내 재송신 승인에 관하여는 「방송법 시행령」 제61조의3(제2항제1호가목은 제외한다)을 준용한다. 이 경우 "방송사업자" 및 "종합유선방송사업자 및 위성방송사업자"는 각각 "인터넷 멀티미디어 방송 제공사업자"로 본다.

제21조 삭제 〈2010. 12. 27.〉

제22조(허가의 취소 등) ① 법 제24조제1항에 따른 허가의 취소 및 사업정지처분의 기준은 별표 4와 같다.

② 방송미디어통신위원회는 법 제24조제1항에 따라 허가의 취소 또는 사업정지처분을 한 경우에는 해당 인터넷 멀티미디어 방송 제공사업자에게 서면으로 그 사실을 알려야 한다. 〈개정 2013. 3. 23., 2017. 7. 26., 2025. 10. 1.〉

제23조(과징금) ① 법 제25조제1항에서 "매출액"이란 제13조제1항에 따른 매출액을 말한다.

② 방송미디어통신위원회는 과징금의 금액을 정할 때에는 해당 위반행위의 정도 및 횟수 등을 고려하여야 한다. 〈개정 2013. 3. 23., 2017. 7. 26., 2025. 10. 1.〉

③ 법 제25조제1항에 따라 과징금을 부과하는 위반행위의 종류와 과징금의 금액은 별표 5와 같다.

④ 법 제25조제1항에 따른 과징금의 부과 및 납부에 관하여는 제14조를 준용한다.

제23조의2(고유식별정보의 처리) ① 방송미디어통신위원회는 다음 각 호의 사무를 수행하기 위하여 불가피한 경우 「개인정보 보호법 시행령」 제19조제1호에 따른 주민등록번호가 포함된 자료를 처리할 수 있다. 〈개정 2014. 12. 3., 2017. 7. 26., 2025. 10. 1.〉

1. 법 제4조에 따른 인터넷 멀티미디어 방송 제공사업의 허가에 관한 사무
2. 법 제5조의2에 따른 인터넷 멀티미디어 방송 제공사업의 재허가에 관한 사무
3. 법 제11조에 따른 인터넷 멀티미디어 방송 제공사업의 변경허가 또는 변경신고에 관한 사무

② 인터넷 멀티미디어 방송 제공사업자 및 「방송통신발전 기본법」 제15조에 따른 한국정보통신진흥협회는 법 제15조제1항에 따라 신고하거나 승인받은 이용약관에 의한 요금 감면에 관한 사무를 수행하기 위하여 불가피한 경우 「개인정보 보호법 시행령」 제19조제1호 또는 제4호에 따른 주민등록번호 또는 외국인등록번호가 포함된 자료를 처리할 수 있다.

[본조신설 2014. 8. 6.]

제23조의3(권한의 위임) 방송미디어통신위원회는 법 제26조의2에 따라 법 제14조의2에 따른 인터넷 멀티미디어 방송 제공사업자의

방송국 설비의 설치 및 유지에 관한 사항과 전송·선로설비 등에 관한 기술기준 제정 및 고시에 관한 권한을 국립전파연구원장에게 위임한다. 〈개정 2017. 7. 26., 2025. 10. 1.〉

[본조신설 2014. 12. 3.]

제24조(과태료의 부과) 법 제28조제1항에 따른 과태료의 부과기준은 별표 6과 같다.

부칙 〈제20968호, 2008. 8. 12.〉

이 영은 공포한 날부터 시행한다.

부칙 〈제21890호, 2009. 12. 15.〉

이 영은 공포한 날부터 시행한다.

부칙 〈제22151호, 2010. 5. 4.〉 (전자정부법 시행령)

제1조(시행일) 이 영은 2010년 5월 5일부터 시행한다.

제2조 및 제3조 생략

제4조(다른 법령의 개정) ① 부터 〈127〉 까지 생략

〈128〉 인터넷 멀티미디어 방송사업법 시행령 일부를 다음과 같이 개정한다.

제2조제2항 중 "「전자정부법」 제21조제1항"을 "「전자정부법」 제36조제1항"으로 한다.

〈129〉 부터 〈192〉 까지 생략

부칙 〈제22424호, 2010. 10. 1.〉 (전기통신사업법 시행령)

제1조(시행일) 이 영은 공포한 날부터 시행한다.

제2조 부터 제9조까지 생략

제10조(다른 법령의 개정) ①부터 ⑪까지 생략

⑫ 인터넷 멀티미디어 방송사업법 시행령 일부를 다음과 같이 개정한다.

제16조제1항제2호 중 "「전기통신사업법」 제21조"를 "「전기통신사업법」 제22조"로, "「전기통신사업법」 제21조 단서"를 "「전기통신사업법」 제22조제1항 후단"으로, 같은 조 제2항제2호 중 "「전기통신사업법」 제21조"를 "「전기통신사업법」 제22조"로 한다.

⑬부터 ⑳까지 생략

부칙 〈제22550호, 2010. 12. 27.〉 (방송통신발전 기본법 시행령)

제1조(시행일) 이 영은 공포한 날부터 시행한다. 다만, ···〈생략〉··· 부칙 ···〈생략〉··· 제6조제1항·제2항···〈생략〉···의 규정은 2011년 1월 1일부터 시행한다.

제2조 부터 제5조까지 생략

제6조(다른 법령의 개정) ① 생략

② 인터넷 멀티미디어 방송사업법 시행령 일부를 다음과 같이 개정한다.

제21조를 삭제한다.

③부터 ⑧까지 생략

부칙 〈제23514호, 2012. 1. 13.〉 (방송법 시행령)

제1조(시행일) 이 영은 2012년 1월 15일부터 시행한다.

제2조(다른 법령의 개정) 인터넷 멀티미디어 방송사업법 시행령 일부를 다음과 같이 개정한다.

제9조와 제10조를 각각 삭제한다.

부칙 〈제24445호, 2013. 3. 23.〉 (방송통신위원회 직제)

제1조(시행일) 이 영은 공포한 날로부터 시행한다.

제2조 및 제3조 생략

제4조(다른 법령의 개정) ①부터 ④까지 생략

⑤ 인터넷 멀티미디어 방송사업법 시행령 일부를 다음과 같이 개정한다.

제2조제2항 · 제3항, 제8조제3항 · 제4항, 제11조, 제17조제2항, 제19조 각 호 외의 부분, 제22조제2항 및 제23조제2항 중 "방송통신위원회는"을 각각 "미래창조과학부장관은"으로 한다.

제2조제5항, 제8조제1항, 제12조제2항 · 제9항, 제17조제6항 및 제19조제1호 중 "방송통신위원회가"를 각각 "미래창조과학부장관이"로 한다.

제4조제1항, 제8조제2항, 제16조제1항 각 호 외의 부분, 같은 항 제2호, 같은 조 제2항 각 호 외의 부분, 같은 항 제2호, 제17조제1항 각 호 외의 부분, 같은 조 제3항 본문 · 단서 및 같은 조 제5항 중 "방송통신위원회에"를 각각 "미래창조과학부장관에게"로 한다.

제18조제1항 본문 중 "방송통신위원회에"를 "다음 각 호의 구분

에 따라"로 하고, 같은 항에 각 호를 다음과 같이 신설하며, 같은 조 제2항 각 호 외의 부분 전단 및 같은 조 제3항 중 "방송통신위원회"를 각각 "미래창조과학부장관 또는 방송통신위원회"로 하고, 같은 조 제4항 중 "방송통신위원회가"를 "미래창조과학부장관 또는 방송통신위원회가 각각 소관 업무에 따라"로 한다.

1. 인터넷 멀티미디어 방송 제공사업자에게 보도를 전문으로 하거나 보도·교양·오락 등 다양한 분야를 종합적으로 편성한 콘텐츠를 제공하려는 자: 방송통신위원회

2. 인터넷 멀티미디어 방송 제공사업자에게 상품 소개와 판매를 전문으로 하는 콘텐츠를 제공하려는 자: 미래창조과학부장관

별표 4 제1호나목 및 같은 호 다목 본문 중 "방송통신위원회는"을 각각 "미래창조과학부장관은"으로 한다.

⑥부터 ⑫까지 생략

부칙 〈제25532호, 2014. 8. 6.〉 (민감정보 및 고유식별정보 처리 근거 마련을 위한 공공기관의 운영에 관한 법률 시행령 등 일부개정령)

이 영은 2014년 8월 7일부터 시행한다.

부칙 〈제25794호, 2014. 12. 3.〉

이 영은 공포한 날부터 시행한다.

부칙 〈제26324호, 2015. 6. 22.〉

이 영은 2015년 6월 28일부터 시행한다.

부칙 〈제28210호, 2017. 7. 26.〉 (과학기술정보통신부와 그 소속기관 직제)

제1조(시행일) 이 영은 공포한 날부터 시행한다.

제2조 부터 제5조까지 생략

제6조(다른 법령의 개정) ①부터 ㊺까지 생략

㊻ 인터넷 멀티미디어 방송사업법 시행령 일부를 다음과 같이 개정한다.

제2조제2항 · 제3항 · 제5항, 제4조제1항 · 제2항, 제8조제1항부터 제4항까지, 제11조, 제11조의3제1항부터 제5항까지, 같은 조 제7항 · 제8항, 같은 조 제9항 전단, 제11조의4, 제12조제2항 · 제9항, 제16조제1항 각 호 외의 부분, 같은 조 제2항 각 호 외의 부분, 같은 항 제2호, 제17조제1항 각 호 외의 부분, 같은 조 제2항 · 제6항, 제17조의2제1항 본문 · 단서, 같은 조 제2항 각 호 외의 부분, 같은 조 제3항, 같은 조 제4항 각 호 외의 부분 전단, 같은 조 제6항, 제18조제1항제2호, 같은 조 제2항 각 호 외의 부분 전단, 같은 조 제4항 · 제5항, 제19조 각 호 외의 부분, 같은 조 제1호, 제22조제2항, 제23조제2항, 제23조의2제1항 각 호 외의 부분 및 제23조의3 중 "미래창조과학부장관"을 각각 "과학기술정보통신부장관"으로 한다.

별표 4 제1호나목 및 같은 호 다목 본문 중 "미래창조과학부장관"을 각각 "과학기술정보통신부장관"으로 한다.

㊼부터 〈70〉까지 생략

부칙 〈제32199호, 2021. 12. 9.〉

이 영은 공포한 날부터 시행한다.

부칙 〈제32274호, 2021. 12. 28.〉 (독점규제 및 공정거래에 관한 법률 시행령)

제1조(시행일) 이 영은 2021년 12월 30일부터 시행한다.

제2조 부터 제12조까지 생략

제13조(다른 법령의 개정) ①부터 〈56〉까지 생략

〈57〉 인터넷 멀티미디어 방송사업법 시행령 일부를 다음과 같이 개정한다.

제6조제2항 중 "「독점규제 및 공정거래에 관한 법률」 제14조"를 "「독점규제 및 공정거래에 관한 법률」 제31조"로 한다.

〈58〉부터 〈68〉까지 생략

제14조 생략

부칙 〈제32723호, 2022. 6. 28.〉 (방송법 시행령)

제1조(시행일) 이 영은 2022년 7월 12일부터 시행한다. 〈단서 생략〉

제2조(다른 법령의 개정) 인터넷 멀티미디어 방송사업법 시행령 일부를 다음과 같이 개정한다.

제20조제1항 본문 중 "제66조의2"를 "제66조의4"로 한다.

부칙 〈제32724호, 2022. 6. 28.〉

이 영은 2022년 7월 12일부터 시행한다.

부칙 〈제32870호, 2022. 8. 16.〉

이 영은 공포한 날부터 시행한다.

부칙 〈제33913호, 2023. 12. 12.〉 (행정법제 혁신을 위한 가덕도신공항 건설을 위한 특별법 시행령 등 123개 법령의 일부개정에 관한 대통령령)

이 영은 공포한 날부터 시행한다.

부칙 〈제34702호, 2024. 7. 16.〉

이 영은 2024년 7월 24일부터 시행한다.

부칙 〈제35133호, 2024. 12. 31.〉

이 영은 공포한 날부터 시행한다.

부칙 〈제35810호, 2025. 10. 1.〉 (방송미디어통신위원회와 그 소속기관 직제)

제1조(시행일) 이 영은 공포한 날부터 시행한다.

제2조 부터 제4조까지 생략

제5조(다른 법령의 개정) ①부터 ③까지 생략

④ 인터넷 멀티미디어 방송사업법 시행령 일부를 다음과 같이 개

정한다.

제2조제2항·제3항, 제7조제2항·제4항, 제8조제3항·제4항, 제11조, 제11조의3제2항·제4항·제7항·제9항, 제11조의4, 제12조의2제2항·제4항, 제12조의3제1항 각 호 외의 부분, 같은 조 제2항 각 호 외의 부분, 같은 조 제4항, 같은 조 제5항, 제17조제2항, 제19조 각 호 외의 부분, 제22조제2항, 제23조제2항, 제23조의2제1항 각 호 외의 부분 및 제23조의3 중 "과학기술정보통신부장관은"을 각각 "방송미디어통신위원회는"으로 한다.

제2조제5항, 제3조 단서, 제4조제2항, 제7조제1항 각 호 외의 부분, 제8조제1항, 제11조의3제3항·제5항, 제12조제2항·제9항, 제12조의2제3항, 제12조의3제1항제3호·제2항제3호·제6항, 제17조제6항, 제17조의2제6항, 제19조제1호 중 "과학기술정보통신부장관이"를 각각 "방송미디어통신위원회가"로 한다.

제4조제1항, 제7조제1항 각 호 외의 부분, 제8조제2항, 제11조의3제1항·제8항, 제12조의2제1항 각 호 외의 부분, 제12조의3제3항 본문·단서, 제16조제1항 각 호 외의 부분, 같은 조 제2항 각 호 외의 부분, 같은 항 제2호, 제17조제1항 각 호 외의 부분, 제17조의2제1항 본문·단서, 같은 조 제2항 각 호 외의 부분 및 같은 조 제3항·제4항 각 호 외의 부분 전단 중 "과학기술정보통신부장관에게"를 각각 "방송미디어통신위원회에"로 한다.

제12조의3제5항 중 "과학기술정보통신부의"를 "방송미디어통신위원회의"로 한다.

제14조제1항·제2항·제4항 및 제15조제2항 중 "방송통신위원

회"를 각각 "방송미디어통신위원회"로 한다.

제18조제1항 각 호 외의 부분 전단 중 "다음 각 호의 구분에 따라"를 "방송미디어통신위원회에"로 하고, 같은 항 각 호를 삭제한다.

제18조제2항 각 호 외의 부분 전단 및 같은 조 제4항·제5항 중 "과학기술정보통신부장관 또는 방송통신위원회"를 각각 "방송미디어통신위원회"로 한다.

제18조제2항 각 호 외의 부분 전단 중 "방송통신위원회에 신고하여야"를 "방송미디어통신위원회에 신고하여야"로 한다.

별표 2 제3호 중 "방송통신위원회"를 "방송미디어통신위원회"로 한다.

별표 4 제1호나목 및 같은 호 다목 본문 중 "과학기술정보통신부장관은"을 각각 "방송미디어통신위원회는"으로 한다.

⑤부터 ⑧까지 생략

별표 / 서식

[별표 1] 허가심사사항에 대한 배점(제2조제4항 관련)

[별표 2] 위반행위의 종류별 과징금 부과 상한액 및 산정기준(제13조제2항 관련)

[별표 3] 금지행위의 유형 및 기준(제15조제1항 관련)

[별표 4] 허가취소 등의 처분기준(제22조제1항 관련)

[별표 5] 위반행위의 종류별 과징금(제23조제3항 관련)

[별표 6] 위반행위의 종류별 과태료 부과기준(제24조 관련)

대한민국 법령 시리즈 258

인터넷 멀티미디어 방송사업법 (약칭 : 인터넷방송법)

법 령 / 시 행 령

2025년 12월 18일 인쇄 정가 12,000원
2025년 12월 28일 발행

편 저 편집부
디 자 인 송영미
발 행 인 조준형
발 행 처 해광출판사

http://www.hgbookpub.com
E-mail : munbookcokr@naver.com
주 소 부산광역시 중구 해관로 41-1 (중앙동2가)
전화번호 (051) 253-0001 팩스 (051) 245-1187

등 록 제 2012-000005호

해광출판사에서는 여러분의 소중한 원고와 함께 할 기회를 기다리고 있습니다. 책으로 엮을 원고나 아이디어가 있으신 분들은 이메일 munbookcokr@naver.com로 책에 대한 간단한 개요와 원고 전체 또는 일부를 연락처와 함께 보내주십시오.

ISBN 979-11-6881-930-6

※ 법령 출처 : 법제처 국가법령정보센터
※ 본 도서는 〈공공데이터 제공 및 이용 활성화에 관한 법률〉을 근거로 출판되었습니다.

해광출판사 대한민국 법령 시리즈

001. 선원법
002. 어선법
003. 선박직원법
004. 해사안전기본법
005. 해양환경관리법
006. 선박의 입항 및 출항등에 관한 법률
007. 학교안전사고예방 및 보상에 관한 법률
008. 종합부동산세법
009. 방위사업법
010. 행정규제기본법
011. 식품산업진흥법
012. 위험물안전관리법
013. 화재의 예방 및 안전관리에 관한 법률
014. 도시가스사업법
015. 실내공기질관리법
016. 지방세법
017. 소득세법
018. 법인세법
019. 도선법
020. 선박안전법
021. 선박법
022. 수산업법
023. 고압가스안전관리법
024. 국민연금법
025. 공동주택관리법
026. 화학물질관리법
027. 어선원 및 어선 재해보상보험법
028. 장기등 이식에 관한 법률
029. 자연재해대책법
030. 공유재산 및 물품 관리법
031. 산업입지 및 개발에 관한 법률
032. 부정경쟁방지 및 영업비밀보호에 관한 법률
033. 금융지주회사법
034. 온실가스 배출권의 할당 및 거래에 관한 법률
035. 건축사법
036. 산림문화휴양에 관한 법률
037. 전기사업법
038. 사립학교법
039. 고등교육법
040. 액화석유가스의 안전관리 및 사업법
041. 선박투자회사법
042. 수산자원관리법
043. 위험물선박운송및저장규칙
044. 선박평형수관리법
045. 주택임대차보호법
046. 상가건물임대차보호법
047. 지방공기업법
048. 승강기안전관리법
049. 수목원·정원의 조성 및 진흥에 관한 법률
050. 민법
051. 치료감호 등에 관한 법률
052. 대부업 등의 등록 및 금융이용자 보호에 관한 법률
053. 사료관리법
054. 무형문화재 보전 및 진흥에 관한 법률
055. 총포·도검·화약류 등의 안전관리에 관한 법률
056. 경찰관직무집행법
057. 시설물의 안전 및 유지관리에 관한 특별법
058. 수산생물질병 관리법
059. 소비자기본법
060. 국제선박등록법
061. 정보통신망 이용촉진 및 정보보호 등에 관한 법률
062. 해운법
063. 농수산물 품질관리법
064. 수산업협동조합법
065. 해외건설촉진법
066. 수상레저안전법
067. 공무원재해보상법
068. 수상에서의 수색·구조 등에 관한 법률
069. 어촌어항법
070. 항만법
071. 항만운송사업법
072. 해양경비법
073. 해양사고의 조사 및 심판에 관한 법률
074. 외국인근로자의 고용 등에 관한 법률
075. 중소기업기본법
076. 자유무역지역의 지정 및 운영에 관한 법률
077. 대기환경보전법
078. 소음진동관리법
079. 폐기물관리법
080. 하수도법
081. 물환경보전법
082. 토양환경보전법
083. 환경정책기본법
084. 산업재해보상보험법
085. 관세법
086. 노동조합 및 노동관계조정법
087. 근로기준법
088. 군인연금법
089. 먹는물관리법
090. 기술보증기금법
091. 관광진흥법
092. 감염병의 예방 및 관리에 관한 법률
093. 사법경찰관리의 직무를 수행할 자와 그 직무범위에 관한 법률
094. 수의사법
095. 가정폭력방지 및 피해자보호 등에 관한 법률
096. 환경영향평가법
097. 체육시설의 설치 · 이용에 관한 법률
098. 장사 등에 관한 법률
099. 상호저축은행법
100. 은행법
101. 보호관찰 등에 관한 법률
102. 형법
103. 자동차관리법
104. 형사소송법
105. 전자금융거래법
106. 마약류 불법거래 방지에 관한 특례법
107. 도로법
108. 주세법
109. 변리사법
110. 하천법
111. 중소기업진흥에 관한 법률
112. 발달장애인 권리보장 및 지원에 관한 법률
113. 주택법
114. 장애인복지법
115. 농어업경영체 육성 및 지원에 관한 법률
116. 공인중개사법
117. 건강기능식품에 관한 법률
118. 예비군법
119. 개발제한구역의 지정 및 관리에 관한 특별조치법
120. 국유재산법
121. 주차장법
122. 환경기술 및 환경산업 지원법
123. 대기관리권역의 대기환경개선에 관한 특별법
124. 악취방지법
125. 미세먼지 저감 및 관리에 관한 특별법
126. 가축분뇨의 관리 및 이용에 관한 법률
127. 물의 재이용 촉진 및 지원에 관한 법률
128. 물관리기본법
129. 물관리기술 발전 및 물산업 진흥에 관한 법률
130. 자원의 절약과 재활용촉진에 관한 법률
131. 전기 · 전자제품 및 자동차의 자원순환에 관한 법률
132. 건설폐기물의 재활용촉진에 관한 법률
133. 수도권매립지관리공사의 설립 및 운영 등에 관한 법률
134. 폐기물의 국가 간 이동 및 그 처리에 관한 법률
135. 폐기물처리시설 설치촉진 및 주변지역지원 등에 관한 법률
136. 자원순환기본법
137. 잔류성오염물질 관리법
138. 환경분쟁 조정법

해광출판사 대한민국 법령 시리즈

139. 화학물질의 등록 및 평가 등에 관한 법률
140. 환경오염시설의 통합관리에 관한 법률
141. 환경오염피해 배상책임 및 구제에 관한 법률
142. 중소기업제품 구매촉진 및 판로지원에 관한 법률
143. 환경개선비용 부담법
144. 환경분야 시험·검사 등에 관한 법률
145. 환경친화적 산업구조로의 전환촉진에 관한 법률
146. 환경친화적 자동차의 개발 및 보급 촉진에 관한 법률
147. 환경범죄 등의 단속 및 가중처벌에 관한 법률
148. 생명윤리 및 안전에 관한 법률
149. 장애인차별금지 및 권리구제 등에 관한 법률
150. 부동산투자회사법
151. 정치자금법
152. 과학기술기본법
153. 대리점거래의 공정화에 관한 법률
154. 상속세 및 증여세법
155. 학원의 설립 · 운영 및 과외교습에 관한 법률
156. 해양심층수의 개발 및 관리에 관한 법률
157. 전기용품 및 생활용품 안전관리법
158. 사회기반시설에 대한 민간투자법
159. 공직선거법
160. 정당법
161. 유류오염손해배상 보장법
162. 부정청탁 및 금품등 수수의 금지에 관한 법률
163. 항로표지법
164. 어장관리법
165. 민방위기본법
166. 공직자윤리법
167. 선거관리위원회법
168. 유선 및 도선 사업법
169. 전기공사업법
170. 사회복지사업법
171. 택지개발촉진법
172. 국가공무원법
173. 민간임대주택에 관한 특별법
174. 어음법·수표법
175. 민사집행법
176. 상법
177. 문화예술진흥법
178. 중소기업협동조합법
179. 농업협동조합법
180. 도로교통법
181. 의료사고 피해구제 및 의료분쟁 조정 등에 관한 법률
182. 산림보호법
183. 소년법
184. 동물보호법
185. 건축물관리법
186. 도시개발법
187. 화물자동차 운수사업법
188. 도시 및 주거환경정비법
189. 의료법
190. 국회법
191. 응급의료에 관한 법률
192. 출입국관리법
193. 노인복지법
194. 산림자원의 조성 및 관리에 관한 법률
195. 청소년 보호법
196. 초 · 중등교육법
197. 혁신도시 조성 및 발전에 관한 특별법
198. 경제자유구역의 지정 및 운영에 관한 특별법
199. 공공기관의 운영에 관한 법률
200. 대한민국헌법
201. 국민기초생활 보장법
202. 저작권법
203. 가사소송법
204. 국가유공자 등 예우 및 지원에 관한 법률
205. 국민체육진흥법
206. 전통주 등의 산업진흥에 관한 법률
207. 재난 및 안전관리 기본법
208. 정보통신공사업법
209. 주식회사 등의 외부감사에 관한 법률
210. 공익사업을 위한 토지 등의 취득 및 보상에 관한 법률
211. 개인정보 보호법
212. 국세기본법
213. 에너지이용 합리화법
214. 감정평가 및 감정평가사에 관한 법률
215. 국가인권위원회법
216. 가맹사업거래의 공정화에 관한 법률
217. 보건의료기본법
218. 산업안전보건법
219. 법무사법
220. 교육공무원법
221. 특허법
222. 민사소송법
223. 아동복지법
224. 전파법
225. 하도급거래 공정화에 관한 법률
226. 기초연금법
227. 사립학교교직원 연금법
228. 직업안정법
229. 장애아동 복지지원법
230. 부동산등기법
231. 자동차손해배상 보장법
232. 철도안전법
233. 항공안전법
234. 전자상거래 등에서의 소비자보호에 관한 법률
235. 독점규제 및 공정거래에 관한 법률
236. 상표법
237. 채무자 회생 및 파산에 관한 법률
238. 공무원연금법
239. 축산법
240. 근로복지기본법
241. 민원 처리에 관한 법률
242. 약사법
243. 방문판매 등에 관한 법률
244. 건축기본법
245. 지방세기본법
246. 지방세징수법
247. 지방자치법
248. 도시교통정비 촉진법
249. 공공주택 특별법
250. 국세징수법
251. 공인노무사법
252. 중대재해 처벌 등에 관한 법률
253. 외무공무원법
254. 소방시설공사업법
255. 검역법
256. 공중위생관리법
257. 할부거래에 관한 법률
258. 인터넷 멀티미디어 방송사업법
259. 전기통신사업법
260. 제품안전기본법
261. 철도사업법
262. 어린이제품 안전 특별법
263. 영유아보육법
264. 원자력안전법
265. 보험업법
266. 경비업법
267. 교통안전법
268. 세무사법
269. 관세사법
270. 공인회계사법
271. 지방공무원법
272. 고용정책 기본법
273. 국가경찰과 자치경찰의 조직 및 운영에 관한 법률
274. 협동조합 기본법
275. 재해구호법
276. 환경보건법

해광출판사 대한민국 법령 시리즈

277. 자살예방 및 생명존중문화 조성을 위한 법률
278. 소방산업의 진흥에 관한 법률
279. 소방기본법
280. 비송사건절차법
281. 자연환경보전법
282. 변호사법
283. 기업구조조정투자회사법
284. 전기통신기본법
285. 에너지법
286. 해양생태계의 보전 및 관리에 관한 법률
287. 사회보장기본법
288. 통신비밀보호법
289. 공증인법
290. 물류시설의 개발 및 운영에 관한 법률
291. 청소년활동 진흥법
292. 형의 집행 및 수용자의 처우에 관한 법률
293. 도시공원 및 녹지 등에 관한 법률
294. 태권도 진흥 및 태권도공원 조성 등에 관한 법률
295. 녹색건축물 조성 지원법
296. 우편법
297. 예금자보호법
298. 건설산업기본법
299. 금융회사의 지배구조에 관한 법률
300. 장애인활동 지원에 관한 법률
301. 언론중재 및 피해구제 등에 관한 법률
302. 국가재정법
303. 농지법
304. 게임산업진흥에 관한 법률
305. 정신건강증진 및 정신질환자 복지서비스 지원에 관한 법률
306. 디자인보호법
307. 의료기사 등에 관한 법률
308. 스마트도시 조성 및 산업진흥 등에 관한 법률
309. 내수면어업법
310. 한국주택금융공사법
311. 의료기기법
312. 유통산업발전법
313. 전통시장 및 상점가 육성을 위한 특별법
314. 여신전문금융업법
315. 해외자원개발 사업법
316. 산업교육진흥 및 산학연협력촉진에 관한 법률
317. 빈집 및 소규모주택 정비에 관한 특례법
318. 기업도시개발 특별법
319. 전력기술관리법
320. 국토기본법
321. 지하수법
322. 식품위생법
323. 광업법
324. 호스피스·완화의료 및 임종과정에 있는 환자의 연명의료결정에 관한 법률
325. 주식·사채 등의 전자등록에 관한 법률
326. 표시·광고의 공정화에 관한 법률
327. 골재채취법
328. 국민건강증진법
329. 새마을금고법
330. 여객자동차 운수사업법
331. 마리나항만의 조성 및 관리 등에 관한 법률
332. 한부모가족지원법
333. 국가를 당사자로 하는 계약에 관한 법률
334. 지방자치단체를 당사자로 하는 계약에 관한 법률
335. 축산물 위생관리법
336. 병역법
337. 음악산업진흥에 관한 법률
338. 국가균형발전 특별법
339. 첨단재생의료 및 첨단바이오의약품 안전 및 지원에 관한 법률
340. 공간정보의 구축 및 관리 등에 관한 법률
341. 공유수면 관리 및 매립에 관한 법률
342. 농수산물 유통 및 가격안정에 관한 법률
343. 아시아문화중심도시 조성에 관한 특별법
344. 신탁법
345. 자연공원법
346. 생활화학제품 및 살생물제의 안전관리에 관한 법률
347. 군인사법
348. 국제조세조정에 관한 법률
349. 낙동강수계 물관리 및 주민지원 등에 관한 법률
350. 주민등록법
351. 집합건물의 소유 및 관리에 관한 법률
352. 집단에너지사업법
353. 산림조합법
354. 반도체집적회로의 배치설계에 관한 법률
355. 자본시장과 금융투자업에 관한 법률
356. 담보부사채신탁법
357. 근로자퇴직급여 보장법
358. 국제과학비즈니스벨트 조성 및 지원에 관한 특별법
359. 수도법
360. 식품 등의 표시 · 광고에 관한 법률
361. 약관의 규제에 관한 법률
362. 인삼산업법
363. 종자산업법
364. 항공사업법
365. 건설기계관리법
366. 군형법
367. 궤도운송법
368. 기술의 이전 및 사업화 촉진에 관한 법률
369. 농수산물의 원산지 표시 등에 관한 법률
370. 담배사업법
371. 석유 및 석유대체연료 사업법
372. 가축전염병 예방법
373. 농어촌정비법
374. 식물신품종 보호법
375. 항공보안법
376. 중소기업창업 지원법
377. 군사법원법
378. 우주개발 진흥법
379. 해저광물자원 개발법
380. 산림복지 진흥에 관한 법률
381. 지능형 로봇 개발 및 보급 촉진법
382. 헌법재판소법
383. 옥외광고물 등의 관리와 옥외광고산업 진흥에 관한 법률
384. 혈액관리법
385. 국제항해선박 등에 대한 해적행위 피해예방에 관한 법률
386. 유료도로법
387. 독립유공자예우에 관한 법률
388. 신에너지 및 재생에너지 개발 · 이용 · 보급 촉진법
389. 신용정보의 이용 및 보호에 관한 법률
390. 출판문화산업 진흥법
391. 공항시설법
392. 국민 평생 직업능력 개발법
393. 아동 · 청소년의 성보호에 관한 법률
394. 방송법쉬
395. 신용보증기금법
396. 화장품법
397. 청소년 기본법
398. 인터넷주소자원에 관한 법률
399. 양곡관리법
400. 도로명주소법
401. 전자문서 및 전자거래 기본법
402. 산업기술의 유출방지 및 보호에 관한 법률
403. 국가기술자격법
404. 양식산업발전법
405. 산업기술혁신 촉진법
406. 새만금사업 추진 및 지원에 관한 특별법
407. 전자정부법
408. 지역 개발 및 지원에 관한 법률
409. 한국농어촌공사 및 농지관리기금법
410. 계량에 관한 법률
411. 기업활동 규제완화에 관한 특별조치법
412. 군에서의 형의 집행 및 군수용자의 처우에 관한 법률

해광출판사 대한민국 법령 시리즈

413. 규제자유특구 및 지역특화발전특구에 관한 규제특례법
414. 금융위원회의 설치 등에 관한 법률
415. 남녀고용평등과 일·가정 양립 지원에 관한 법률
416. 농어업인 삶의 질 향상 및 농어촌지역 개발촉진에 관한 특별법
417. 댐건설·관리 및 주변지역지원 등에 관한 법률
418. 국가유산수리 등에 관한 법률
419. 법원조직법
420. 보훈보상대상자 지원에 관한 법률
421. 부패방지 및 국민권익위원회의 설치와 운영에 관한 법률
422. 과학기술분야 정부출연연구기관 등의 설립·운영 및 육성에 관한 법률
423. 연구개발특구의 육성에 관한 특별법
424. 친환경농어업 육성 및 유기식품 등의 관리·지원에 관한 법률
425. 연안관리법
426. 영화 및 비디오물의 진흥에 관한 법률
427. 신용협동조합법
428. 방송통신발전 기본법
429. 범죄피해자 보호법
430. 가축 및 축산물 이력관리에 관한 법률
431. 국가표준기본법
432. 국가통합교통체계효율화법
433. 범죄인 인도법
434. 국가과학기술 경쟁력 강화를 위한 이공계지원 특별법
435. 국제경기대회 지원법
436. 금융혁신지원 특별법
437. 수자원의 조사·계획 및 관리에 관한 법률
438. 축산자조금의 조성 및 운용에 관한 법률
439. 소방시설 설치 및 관리에 관한 법률
440. 양성평등기본법
441. 축산계열화사업에 관한 법률
442. 수입식품안전관리 특별법
443. 대외무역법
444. 국가연구개발사업 등의 성과평가 및 성과관리에 관한 법률
445. 무역보험법
446. 기술사법
447. 광산안전법
448. 농약관리법
449. 농업·농촌 및 식품산업 기본법
450. 문화산업진흥 기본법
451. 부담금관리 기본법
452. 야생생물 보호 및 관리에 관한 법률
453. 한국은행법
454. 별정우체국법
455. 원양산업발전법
456. 콘텐츠산업 진흥법
457. 한국수출입은행법
458. 외국인투자 촉진법
459. 물류정책기본법
460. 전자서명법
461. 산업발전법
462. 산업표준화법
463. 소프트웨어 진흥법
464. 토지이용규제 기본법
465. 해수욕장의 이용 및 관리에 관한 법률
466. 정보통신 진흥 및 융합 활성화 등에 관한 특별법
467. 정보통신산업 진흥법
468. 지진·화산재해대책법
469. 소금산업진흥법
470. 위치정보의 보호 및 이용 등에 관한 법률
471. 외국법자문사법
472. 이러닝(전자학습)산업 발전 및 이러닝 활용 촉진에 관한 법률
473. 암관리법
474. 실용신안법
475. 가족관계의 등록 등에 관한 법률
476. 무인도서의 보전 및 관리에 관한 법률
477. 감사원법
478. 정보보호산업의 진흥에 관한 법률
479. 결혼중개업의 관리에 관한 법률
480. 공익신고자 보호법
481. 박물관 및 미술관 진흥법
482. 낚시 관리 및 육성법
483. 동산·채권 등의 담보에 관한 법률
484. 임금채권보장법
485. 국민투표법
486. 농림수산업자 신용보증법
487. 국가채권 관리법
488. 중소기업은행법
489. 식품안전기본법
490. 외국환거래법
491. 발명진흥법
492. 건설기술 진흥법
493. 기후위기 대응을 위한 탄소중립·녹색성장 기본법
494. 인체조직안전 및 관리 등에 관한 법률
495. 엔지니어링산업 진흥법
496. 신문 등의 진흥에 관한 법률
497. 식물방역법
498. 석탄산업법
499. 산업융합 촉진법
500. 비료관리법
501. 임업 및 산촌 진흥촉진에 관한 법률
502. 복권 및 복권기금법
503. 대규모유통업에서의 거래 공정화에 관한 법률
504. 뉴스통신 진흥에 관한 법률
505. 지능정보화 기본법
506. 자격기본법
507. 중소기업 기술혁신 촉진법
508. 국가공간정보 기본법
509. 농어업재해대책법
510. 방송광고판매대행 등에 관한 법률
511. 지식재산 기본법
512. 초고층 및 지하연계 복합건축물 재난관리에 관한 특별법
513. 해양 조사와 해양정보 활용에 관한 법률
514. 공간정보산업 진흥법
515. 공공기관의 정보공개에 관한 법률
516. 행정기본법
517. 해상교통안전법
518. 농어업재해보험법
519. 문화유산의 보존 및 활용에 관한 법률
520. 자연유산의 보존 및 활용에 관한 법률
521. 국토의 계획 및 이용에 관한 법률
522. 건축법
523. 국민건강보험법
524. 계엄법
525. 환경친화적 선박의 개발 및 보급 촉진에 관한 법률
526. 해양폐기물 및 해양오염퇴적물 관리법
527. 연안사고 예방에 관한 법률
528. 전기안전관리법
529. 의약품 등의 안전에 관한 규칙
530. 공공보건의료에 관한 법률
531. 군보건의료에 관한 법률
532. 농어촌 등 보건의료를 위한 특별조치법
533. 보호소년 등의 처우에 관한 법률
534. 국가를 당사자로 하는 소송에 관한 법률
535. 간호법
536. 국립묘지의 설치 및 운영에 관한 법률
537. 주류 면허 등에 관한 법률
538. 부가가치세법
539. 자율운항선박 개발 및 상용화 촉진에 관한 법률
540. 다중이용업소의 안전관리에 관한 특별법

*** 해광출판사의 법령 시리즈는 계속 발행 됩니다.**
**** 각 도서의 개정판은 인쇄일을 기준으로 제작 되었습니다.**